Python と
ファイナンス事例
で学ぶ
機械学習

中山季之 著
Toshiyuki Nakayama

Learn Machine learning
with Python
through evaluation of
financial products

一般社団法人 金融財政事情研究会

まえがき

　機械学習が金融機関の現場でも急速に広がりつつある．人間ができること
を機械にやらせる場合や，もともと計算機にさせていた計算の量が多すぎて
コストがかかるため機械学習で効率化する場合など，使われ方もさまざまで
ある．本書は特に後者にフォーカスした，ファイナンス関連の話題を通して
機械学習へのイメージをもちたい読者のための入門書である．

　デリバティブの時価評価やリスク指標の入門的な内容の解説から始め，計
算コスト低減を目的とした活用例を中心に機械学習の原理を説明する．本書
で説明するようないくつかの課題があるので，現場への十分な浸透にはもう
少し時間を要する点には注意が必要である．むしろこうした課題をシンプル
な例を通して認識してもらうことで，現場の複雑な課題に対して機械学習を
将来的に適用するイメージをもつ読者が増え，機械学習とその活用が発展す
ることに少しでも貢献できればと考えている．

　より具体的なイメージをもっていただくためにPythonの入門的な説明と
実装例も解説する．Pythonは機械学習を現場で活用する際には最も浸透し
ているプログラミング言語の1つであると判断してのことである．

　本書の執筆にあたっては，さまざまな方々にお世話になった．特に明治大
学の青沼君明氏には長年さまざまなかたちでのご指導に加え，今回も執筆に
導いていただき貴重なコメントを頂戴した．この場を借りて厚く御礼申し上
げたい．

　なお，本書は著者の個人的な見解であり，所属する組織の見解ではない．
ファイナンスを通して機械学習にイメージをもってもらうことを目的として
いる性質上，本書で述べた機械学習の活用事例はすべて現実を単純化したも
のである．そのため現場で活用される際には自己責任のもとで十分な検討を
お願いしたい．

2022年6月5日

中山　季之

サンプルプログラムの利用法

本書で扱ったサンプルプログラムは，本書の読者に限り，下記購入者特典ウエブページからダウンロード可能です．

https://www.kinzai.jp/tokuten/
パスワード 4rbQwNBtnzf4

ダウンロードしたプログラムをご自身のパソコンやGoogleドライブなどに保存して利用してください．ファイルは次表のとおり3つからなります．ファイル名の数字は入力変数や出力変数の数に対応しており，章番号とは無関係なので注意してください．

サンプルプログラム一覧

ファイル名	内容	関連する章
MLFinance1_1.ipynb	入力も出力も1変数	4-2, 6
MLFinance2_1.ipynb	入力は2変数，出力は1変数	4-3, 7
MLFinance2_2.ipynb	入力は2変数，出力は2変数	4-4, 8

保存されたプログラムを実行するためGoogle Colaboratoryに読み込む方法は次のとおりです．

【パソコンに保存した場合】

https://colab.research.google.com/にアクセスし，メニューから「アップロード」をクリックして保存したファイルを選択してください．

【Googleドライブに保存した場合】

Googleドライブ内に保存されたプログラムファイルを右クリックし，「アプリで開く」を選択後，"Google Colabotory"を選択してください．

【著者経歴】

中山　季之（なかやま　としゆき）

2000年より2022年の執筆時まで大手銀行や証券会社で，主にデリバティブの評価
やリスク分析を目的とした数理モデルの研究開発を中心に行い，近年は信用リス
ク管理業務に従事しながら，数理科学を業務に活用してきた．
また各大学での講義も兼務している．
明治大学　兼担講師（2022年度通年）
慶應義塾大学　非常勤講師（2022年度秋学期）
東京工業大学　非常勤講師（2022年度秋学期）

東京大学大学院　数理科学研究科博士課程修了（数理科学博士）
学術面では主に確率偏微分方程式とその応用の研究に取り組んでいる．

目　次

1 序　論

2 デリバティブと時価

3 機械学習

4 時価評価への活用例

5　Pythonによる実装の準備

6　Pythonによる実装
──入力も出力も1変数の場合

1

序　論

本書の目的は，ファイナンスを例にとって機械学習の金融機関ビジネスへの活用イメージを伝えることにある．

　金融機関においては膨大な計算量を要求される業務が多い．代表的なのはデリバティブの時価評価や時価の感応度（市場変数などが動いたときの時価変化），XVAと呼ばれる評価調整額（取引相手のデフォルトリスクを調整するためのCVA（Credit Value Adjustment），資金調達コストを調整するためのFVA（Funding Value Adjustment）ほか多数あり，一般にXVAと呼ばれる）やXVAの感応度（市場変数などが動いたときのXVA変化）がある．ほかにも，将来の株価，為替や金利などの市場変化による最大規模の損失額を表すVaR（Value at Risk），取引相手が将来デフォルトすることによる最大規模の損失額を表すPFE（Potential Future Exposure）などのリスク指標があり，高い計算コストを要する．また，金融規制の要請に応えるためには最低所要自己資本額の算定などで多くの計算が必要となる．

　本書では計算コストのかかる関数を対象としてコンピュータに機械学習させ，元の関数を予測する関数（以下，予測関数）を構築することを通じ，機械学習の説明を行う．予測関数の計算コストが元の関数の計算コストより低い場合に計算コストの削減が見込まれ，関数を呼び出す回数が多いほど高い効果が出る．世界的にみてすでに機械学習を実用化している金融機関もあり，そのためのソフトウエアを提供するベンダーもすでに出現している．

　本書では最初にデリバティブとは何かの説明から始め，時価評価の必要性を述べる．時価評価にはたとえばExcelで瞬間的に計算可能なものから，1取引当り数分かかる複雑な計算を要するものまで幅広い種類がある．本書の主眼は機械学習のイメージをもってもらうことにあるので，時価評価は特にシンプルな場合についてのみ述べ，その計算量の多いバージョンとして一般の時価評価をイメージしてもらうことにする．いずれにせよ時価評価は，株価，為替や金利などの市場データとキャッシュフロー発生時期などの取引データの組合せを入力とし，時価を出力とする関数（以下，時価関数）の計算に帰着する点で共通している（図1－1）．

　時価評価のほかにもXVA，VaRやPFEの例を紹介してから，機械学習の

図1－1　時価評価

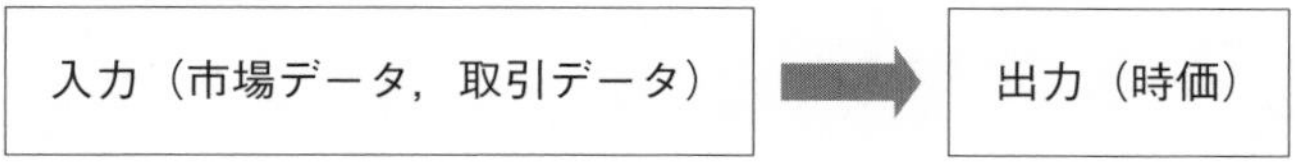

入力（市場データ，取引データ）　　➡️　　出力（時価）

説明を行う．

　次に機械学習を実装するためのプログラミング言語として人気が高いPythonを使った実装例を紹介する．

　そして機械学習に関する多数ある書籍のなかでも本書の特徴として，機械学習による予測関数で多くの関数を近似できる理由をできるだけ直感的に説明する．

　最後に機械学習を金融機関で用いる際の注意点や課題を説明する．

2

デリバティブと時価

2－1

デリバティブの種類

　デリバティブは金融派生商品と訳されるが，国内でもそのままデリバティブと呼ばれることが多い．小麦，銅，金や原油などのもともと存在するもの（原資産と呼ばれる）の価格等に依存して定まる金銭等を授受する契約という意味である．古くて有名な例としては，古代ギリシャにおけるオリーブの搾油機を将来借りる権利の売買がある．この場合の原資産は「もの」ではなく貸出という「サービス」である．現時点でお金を払って借りるサービスは現物取引だが，将来借りる権利を現時点で購入した点にデリバティブとしての要素がある．

　デリバティブで授受される金銭に影響を与える原資産には，上に述べたもののほかに，株や債券のような有価証券の価格，金利や為替などの金融指標などもある．さらに企業のデフォルトや地震の有無，そして降水量や気温などの指標も含まれる（図2－1）．こうしたものも含めて以下では原資産と呼ぶことにする．

図2－1　デリバティブのイメージ

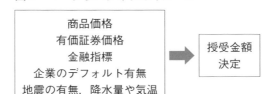

　デリバティブの取引場所には主に取引所取引と相対取引がある（表2－1）．取引所取引は，満期などの取引条件のパターンが最初から用意された標準商品を売買することで，売り手と買い手を取引所に集中させ，売りと買

いの効率的なマッチングと効率的な取引を実現するものである．相対取引は，売り手と買い手が直接取引（ただしブローカーを介して出会う場合もある）するもので，双方の都合にあった柔軟な商品組成が可能となる．相対取引は店頭取引やOTC取引（over the counter）とも呼ばれる．

表2-1　デリバティブの取引場所

	長所	短所
取引所取引	売り手と買い手が取引所で出合いやすい	標準商品に限られる
相対取引	柔軟な商品組成が可能	売り手と買い手がお互いを見つける必要あり

デリバティブの取引形態にもいくつかの種類がある（表2-2）．

表2-2　デリバティブの典型的な取引形態

種類	契約例
先物・先渡し	原資産をあらかじめ取り決めた価格で買う（売る）
スワップ	キャッシュフローを交換する
オプション	原資産をあらかじめ決まった価格で将来買う（売る）権利を獲得するかわりにプレミアム金額を支払う

表2-2に掲げた3種類の取引形態について以下で説明する．

2-1-1　先物取引と先渡取引

原資産をあらかじめ取り決めた価格で買う（売る）ことを契約するものには先物取引（取引所を通して行われる場合）や先渡取引（取引所を通さず相対で行われる場合）がある．古くは船で商品が届く前に届いた後の売買価格を先に決めてしまいたいといった実需から自然に生まれている．売り手としては商品納入時に相場価格が下がっていても契約時点の価格で徴収できる金額を確定でき，買い手としては船荷が届く頃に相場価格が上がっても想定以上の資金調達が不要となる．

【通貨先物取引の例】為替レートの変動による損失を回避するため，あらか
　じめ決められた将来時点にあらかじめ決められた為替レートでたとえば
　日本円と米ドルを交換する契約（図2-2）.

図2-2　先物取引の例

現時点
1年後に100万円と1
万米ドルを交換する
ことを契約

1年後
1年後の為替レートに
関係なく，100万円と
1万米ドルを交換

2-1-2　スワップ取引

　ほかにキャッシュフローを交換するスワップ取引と呼ばれるものがある. たとえばあらかじめ決められたある期間にわたって定期的に，変動金利と固定金利を交換する金利スワップがある（図2-3）.

図2-3　スワップ取引の例

　　　　　固定金利　　　固定金利　　　固定金利　　　固定金利
受取り　　半年後　　　1年後　　　1年半後　　　2年後

支払
　　　　　変動金利　　　変動金利　　　変動金利　　　変動金利

　活用例としては変動金利で資金調達している側が，固定金利を支払って変動金利を受け取るスワップ契約を行うことで固定金利による資金調達と実質的に同じにできる（図2-4）.

　他の例として，米ドルによる資金調達のキャッシュフローと円による資金調達のキャッシュフローを交換する通貨スワップがある（図2-5）. 前者は米ドル建元本金額を当初受け取ってから米ドル金利を定期的に払い続け，満期に米ドル建元本を償還する. 後者は円建元本金額を当初受け取ってから円金利を定期的に払い続け，満期に円建元本を償還する.

　活用例としては，本来は円を調達したい企業が，なんらかの事情で米ドル

図2－4　変動借入れの固定化

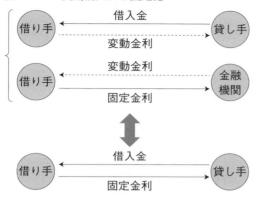

図2－5　通貨スワップ取引

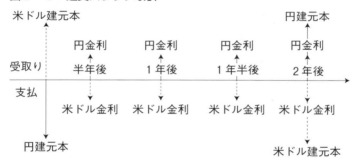

図2－6　米ドル建借入れを円建借入れへ変換（当初の元本交換）

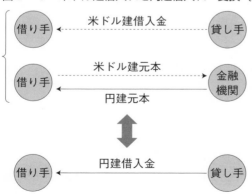

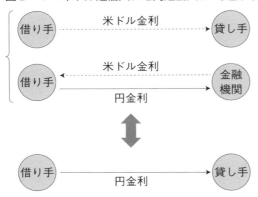

図2－7　米ドル建借入れを円建借入れへ変換（金利交換）

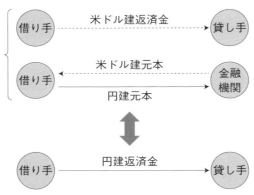

図2－8　米ドル建借入れを円建借入れへ変換（最後の元本交換）

建借入れを海外先から行って米ドル金利を支払っているとする．通貨スワップ契約を行うことで円を借り入れて円建金利を支払うキャッシュフローに変換できる（図2－6～2－8）．

2－1－3　オプション取引

　原資産をあらかじめ決まった価格（ストライクと呼ばれる）で将来買う（売る）権利を獲得するかわりにプレミアム金額を支払う契約などが典型的な例であり，それぞれコール（プット）型オプション取引と呼ばれる（図2－9）．

先物取引や先渡取引との違いは，買う（売る）権利であるため，将来の原資産価格のほうが高ければ（低ければ），権利行使せず買わない（売らない）ことも可能な点であるが，その分プレミアムの支払が必要となる.

図2－9　オプション取引の例

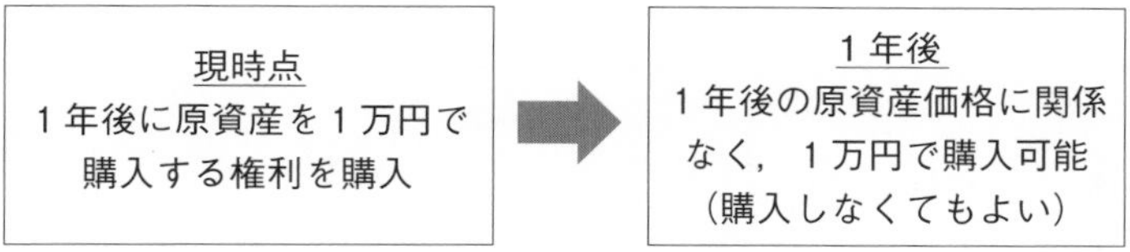

現時点 1年後に原資産を1万円で 購入する権利を購入	⇒	1年後 1年後の原資産価格に関係 なく，1万円で購入可能 （購入しなくてもよい）

　以上に述べたオプション取引を基本として，主に2つの方向でさまざまな取引が行われている.

(1)　【権利行使可能日の拡張】あらかじめ決められた期間のなかで権利行使する日を選択できるもの．権利行使可能な日がたとえば半年ごとのように離散的なものはバミューダ型と呼ばれ，任意時点に権利行使可能なものはアメリカ型と呼ばれる.

(2)　【キャッシュフローの拡張】受払金額が原資産価格の複雑な関数.

　パターン(2)について説明する．先に述べた先物・先渡しやスワップは，満期が来たら1回だけ

$$（将来の原資産価格）-（先物・先渡価格）$$

を受け渡す契約と言い換えても経済的効果は同じである．その意味で，将来の原資産価格を x（変数），先物・先渡価格を K（定数）とすると，関数

$$f(x) = x - K$$

の値を受け渡す取引ということができる.

　さらに金利スワップは変動金利を x（変数），固定金利を K（定数）とすると，やはり関数

$$f(x) = x - K$$

の値を将来複数回にわたって受け渡す取引ということができる.

通貨スワップについては, 円金利と米ドル金利は変動金利の場合も固定金利の場合もあるが, たとえば変動金利同士の交換を仮定する. 円金利を x (変数), 米ドル金利を y (変数) とすると, 関数

$$f(x, y) = x - y$$

の値を将来複数回にわたって受け渡す取引ということができる.

上記オプション取引は, 将来の原資産価格を x (変数), ストライクを K (定数) とすると, 関数

$$f(\mathrm{x}) = \max(x - K, 0)$$

の値を受け渡す取引ということができる. ここで関数maxは引数の最大値を返す関数である.

したがって, デリバティブとは原資産価格を変数とする関数の値を将来受け渡す契約といえる. 先物・先渡しやスワップ契約は原資産の1次多項式関数で表現されるのに対して, オプションは1次多項式関数よりも複雑である. このように1次多項式関数では表せない複雑な関数で表されるのがオプションの特徴であり, ここで述べた関数以外にも複雑なものが存在する.

一般に, 原資産の1次多項式関数では表せない金額を受け渡す取引に関する評価には高い計算コストを要する場合が多く, さらに権利行使可能な日が多いと計算コストはいっそう高くなる. 複雑になればなるほど, 低い計算コストですむように式変形することが困難になるからである.

2 − 2

デリバティブの目的

デリバティブ取引のもともとの目的は上記のように原資産の変動リスクを<u>ヘッジ</u>するものであったが，投機目的や裁定目的でも利用される．

投機は将来の価格上昇が見込まれるときは買い，価格下落が見込まれる場合は売ることで，予想が的中したときに利益を得る行為である．たとえば，先物取引は原物よりもはるかに安い委託証拠金（たとえば，原物の10%程度など）を支払うのみで取引を開始できるが，現物の価格変動次第では大きな利益が得られ，レバレッジ効果と呼ばれている．

裁定は，裁定機会を生かした取引である．裁定機会とは持ち金ゼロでスタートしてリスクなしに収益が出る確率を正にできるようなポートフォリオを組めることをいう．すなわち，時点tのポートフォリオ価値を$X(t)$とすると，ある将来時点$T>0$において，

$$\begin{cases} X(0) = 0, \\ \mathbb{P}(X(T) \geq 0) = 1, \\ \mathbb{P}(X(T) > 0) > 0 \end{cases}$$

とできる場合のことである．ここで$\mathbb{P}$は市場の実際の動きに基づいて定まる確率である．時価評価においては裁定機会が存在しないことを仮定するのが市場慣行となっている．たとえば，同じ経済効果をもつ2つの金融商品が異なる価格で売買可能な場合，安いほうを買うと同時に高いほうを売れば（金融商品を借りてきて売り，後日当該金融商品を買い戻して返却することを空売りというが，空売りなら手元に金融商品がなくても売却可能），確実に収益が出るが，このような市場の不整合が裁定機会の例である．

ヘッジ，投機，裁定のそれぞれを目的とする参加者がいることで全体がバ

ランスし，買い手には売り手が見つかり，売り手には買い手が見つかって需給のマッチングが行われることが期待されている.

2－3

デリバティブの会計

　デリバティブは元本の移動を伴わないものが多いこともあり，昔は貸借対照表に載らないオフバランス取引の代表例であった．その後は1999年に公表された「金融商品に関する会計基準」がデリバティブの会計を定めており，デリバティブも時価をもって貸借対照表に計上されるようになった．そこでの時価は「公正な評価額をいい，市場において形成されている取引価格，気配又は指標その他の相場（以下「市場価格」という。）に基づく価額をいう。市場価格がない場合には合理的に算定された価額を公正な評価額とする」（「金融商品に関する会計基準」第6項）とされている．また，公正な評価額の算定がきわめて困難なデリバティブ取引に対しては取得原価で代用することが認められている．

　「金融商品に関する会計基準」によれば，デリバティブ取引は原則として，期末に評価された時価が当期の貸借対照表に，評価差損益は当期の損益計算書に計上される．ただし，一定の要件を満たすヘッジ取引（保有しているデリバティブの価格変動リスクを回避・軽減するために行う取引）にはヘッジ会計という特別な会計が適用可能で，ヘッジ対象取引の評価差損益を，ヘッジ対象に係る損益が認識されるまで繰り延べて計上することが可能である．

　2021年4月1日に適用開始された「時価の算定に関する会計基準」には時価の算定方法に関する詳細なガイダンスが定められ，時価とは，「算定日において市場参加者間で秩序ある取引が行われると想定した場合の，当該取引における資産の売却によって受け取る価格又は負債の移転のために支払う価格をいう」と定められている（ここで秩序ある取引とは，一定期間において市場にさらされている取引で，清算取引のように他から強制された取引は含まれない）．すなわち市場参加者間での取引を前提としたうえでの出口価格である

とされている.

　以上2つの会計基準をまとめると表2－3のとおり.

表2－3　デリバティブの会計基準のまとめ

会計基準	概要
金融商品に関する会計基準	時価の算定を求めている
時価の算定に関する会計基準	時価の算定方法に関する詳細なガイダンスが定められている

　時価の算定方法について「時価の算定に関する会計基準」には，関連性のある観測可能なインプット（金利や為替などの市場データなど）を最大限利用し，観測できないインプットの利用を最小限にするような評価技法を用いるよう書かれている．評価技法の例としてマーケット・アプローチやインカム・アプローチがあげられている．マーケット・アプローチは同一または類似の市場取引の価格などを入手できる場合にそれをインプットとして見積もる技法である．そのようなものがない場合に用いられるインカム・アプローチは，将来のキャッシュフローに対する市場の期待値を適切な金利で割り引いて現在価値を求めて時価とする技法であり，本書の関心は主にここにある．特に先に述べたオプション取引の将来キャッシュフローの期待値計算は複雑になりがちで，原資産価格の従う確率分布を数理モデルで表現して実施される（最も有名なのはBlack-Scholesモデル）.

　また，デリバティブのリスクとして原資産価格の変動によるものが中心である一方で，ほかにも取引相手のデフォルトリスクなどさまざまなリスクやコストが付随するため，それぞれに応じた評価調整が浸透している.

2 − 4

デリバティブの評価調整

　評価調整について説明する前に，担保契約について述べる．デリバティブ
取引の契約には，国際的な業界団体ISDA（International Swaps and Deriva-
tives Association）が定めるマスター契約を交わすのが通例であり，そのマス
ター契約に付随するCSA（Credit Support Annex）契約に従って担保授受が
なされることが多い.

　取引相手と契約している取引の時価の正と負を相殺（ネッティング）して
合算した金額をエクスポージャーとここでは呼ぶことにすると，デリバティ
ブの取引相手がデフォルトした場合，エクスポージャーが正（取引相手から
みれば負）なら将来期待されるキャッシュフローをもらい損ねることになる
（ただし回収される場合を無視している）．CSA契約の対象となるポートフォリ
オのエクスポージャーに応じて変動証拠金（Valuation Margin）と呼ばれる
担保の授受がなされる．エクスポージャーが正なら担保を受け入れ，エクス
ポージャーが負なら担保を差し入れることになる．担保授受のイメージは表
２−４のようになる．１日目にエクスポージャーが50百万円なら，同額の50

表2−4　デリバティブの担保授受のイメージ

日	エクスポージャー （百万円）	担保授受 （百万円）	保有担保 （百万円）
1	50		50（自社保有）
2	− 10	− 60（差出し）	− 10（相手保有）
3	− 30	− 20（差出し）	− 30（相手保有）
4	5	35（受取り）	5（自社保有）
5	20	15（受取り）	20（自社保有）

百万円を担保として自社が保有しているはずである．2日目にエクスポージャーが－10百万円に変化したなら，変化額60百万円（－60＝－10－50）を取引相手に差し出した結果として，取引相手が10百万円を保有することになる．

　担保授受が毎営業日に行われる場合がリーマン・ショック以降増えているが，1週間ごとなど日数が開くとその間のエクスポージャー変化も大きくなり，取引相手がデフォルトして回収できないリスクが増大する．

　表2－4はエクスポージャー相当の全額を授受する前提であるが，実際にはそうでない担保契約もある．たとえば，あらかじめ定められた最低引渡担保額（Minimum Transfer Amount）と呼ばれる金額を超えなければ差し入れなくてよいとする契約もある．この場合，オペレーションコストが下がるメリットはあるものの，デフォルトリスクは増加する．このような意味での担保契約の不完全性に着目することで，取引相手のデフォルトリスクやその他コストを無視できる理想的なケースでキャッシュフロー価値のみを評価して計算された時価に対して，金額を調整する必要性が生じる．このような評価調整にはさまざまなものがあり，代表的なものは以下のとおりである．

【CVA（Credit Value Adjustment）】

　取引相手のデフォルトにより被る損失に対する評価調整．

【DVA（Debit Value Adjustment）】

　自社のデフォルトにより本来支払うべき金額を支払えない便益に対する評価調整．

【FVA（Funding Value Adjustment）】

　担保契約がない，あるいはあっても差入頻度が毎営業日でないなどの理由で担保による保全効果が十分でない元取引に対して，そのヘッジ取引は担保契約でほぼ完全に保全されている場合を考える．一般に，ヘッジ取引は金融機関などと契約することが多いためこのような状況はよく起こる．元取引でエクスポージャーが正だがその一部だけ担保を受領（表2－5では50のうち40のみ），ヘッジ取引では逆にエクスポージャーが負でその全額を担保として支払っている（50のうち50）場合に，担保の受取りと支払に関して非対称

性が発生する.

表2-5 元取引とヘッジ取引が非対称のイメージ

取引	エクスポージャー／担保	金額（百万円）
元取引	エクスポージャー	50
	保有担保	40（自社保有）
ヘッジ取引	エクスポージャー	−50
	保有担保	−50（相手保有）

　元取引でエクスポージャー全額に対する50百万円を受け取れていれば，そのままヘッジ取引の担保支払に充当できるが，40百万円しか受け取れていないと残りの10百万円を調達する必要がある．その調達金利の支払に伴うコストはFCA（Funding Cost Adjustment）と呼ばれる．その反対に，元取引で負のエクスポージャーが出ているがその一部だけ担保を支払い，ヘッジ取引では逆に正のエクスポージャーが出てその全額を担保として受領している場合には担保が余剰となるのでその分だけ別案件の資金調達を減らすことができる．その調達金利の支払を免れたベネフィットはFBA（Funding Benefit Adjustment）と呼ばれる．FCAとFBAの両方をあわせてFVAと呼ばれる．ただし，FCA，FBAやFVAの定義は，統一性がないので，他の書籍を読まれる場合には注意が必要である．

【KVA（Capital Value Adjustment）】

　バーゼル規制（後述）で求められる資本を確保するために将来にわたってかかるコストに対する評価調整がKVAである．

【MVA（Margin Value Adjustment）】

　デリバティブの担保契約の一種に，将来の取引相手のデフォルト時に金額清算されるまでのエクスポージャー変化に備えた当初証拠金（Initial Margin）と呼ばれるものがある．当初証拠金の受渡しに伴う経済価値の評価調整がMVAである．

　以上に述べたような評価調整はまとめてXVAと呼ばれ，特にCVAやFVAはよく浸透している．時価は出口価格と先に述べたが，時価評価しようとし

ている企業が主に利用する市場（非金融機関の企業を取引相手とするリテール市場，金融機関を取引相手とするディーラー市場など）が取引価格にCVAやFVAを反映されているなら，時価評価にCVAやFVAも反映させる必要があるものと解釈される．

　また，時価やXVAは財務諸表への掲載用のみならず，デリバティブ取引における価格付けの参考値としても一般に使われ，取引にかかわるさまざまなコストを勘案して最終的に価格が決められる．

　取引後は日々のポートフォリオの時価，XVAやそれらの感応度を計算して追加のヘッジ取引の必要性などを検討しながらリスク管理がなされる．ここで感応度とは金利や為替などの市場変数が微小変化したときに時価やXVAがどれくらい変化するかを表す量でありGreeksとも呼ばれる（微小変化させるのは市場変数以外にも残存取引期間が変化したときの感応度もある）．たとえば，市場変数xに依存して計算される時価やXVA $v(x)$の感応度は，市場変数xの変化幅をhとすると次のように計算される．

$$（感応度）= \frac{v(x+h) - v(x)}{h}.$$

　ただし，感応度の定義にはほかにも複数あり，ここで述べた方法はその1つにすぎない．

　以上に述べた内容のなかで計算コストがかかるのはインカム・アプローチによる時価評価，XVAやそれらの感応度の計算である．たとえば，1取引の時価計算に0.01秒かかるとし，全商品の取引件数が10万件で，1商品当りの感応度を30種類（たとえば，1年金利，2年金利，……などを考えればわかるように数十の種類の市場変数に関する感応度を考える必要がある），合計で，

$$0.01 \times 100,000 \times (1+30) = 31,000（秒）$$

すなわち，8.6時間となってしまう．

　リスク管理においては，市場変数が極端に大きく動いた場合の時価やXVAの変化額を計算することも重要である．さらに，過去数年間の基準日

に対する時価やXVAを計算して分析するニーズもあり，計算量がさらに膨大なものとなる．計算環境をオンプレミスにするかクラウドにするかは各社さまざまだが，特にクラウドの従量課金を採用していれば計算コストに対してはさらに敏感にならざるをえない．

　以上にみてきたように，時価やXVAを複数回にわたって計算するコストが高いため，これらの評価関数を機械学習で学習させて計算コストの低い予測関数を構築する動機が自然に発生する．

2 － 5

バーゼル規制

　最低所要自己資本の計算にも大量の計算が必要となることをみよう．バーゼル合意とは，国際的に活動する銀行に適用される最低所要自己資本に関する国際合意である．バーゼル銀行監督委員会が国際統一基準として公表しており，バーゼル規制やBIS規制（BISはBank for International Settlementsの略）などと呼ばれる．バーゼルⅠ，バーゼルⅡからバーゼルⅢへと段階的に改訂されており，バーゼルⅢは2028年から完全に実施予定とされている．

　バーゼル規制は3本の柱からなる（表2－6）．

表2－6　バーゼル規制の3本の柱

	内容
第1の柱	最低所要自己資本の充足性を判定するための最低所要自己資本比率を規定している
第2の柱	自己資本の十分性を第1の柱ではとらえられないものも含めて金融機関が自己管理し，自己資本戦略（ICAAP：Internal Capital Adequacy Assessment Process）を策定し，必要に応じて監督上の措置をとることを規定している
第3の柱	市場規律を高めるため保有するリスクに関する情報開示を金融機関に求めている

　日本においては，海外に支店や現地法人を有する銀行にはバーゼル合意がほぼそのまま適用され国際統一基準行と呼ばれる一方，海外に支店や現地法人を有しない銀行には金融庁による裁量が適用され国内基準行と呼ばれる．

　最低所要自己資本の充足性は自己資本比率により判定されるが，バーゼル規制の自己資本比率は財務諸表から計算される自己資本比率とは定義が異なるので注意が必要である（表2－7）．

表2-7　自己資本比率の計算式

	自己資本比率
財務諸表	（財務諸表の自己資本）／（財務諸表の総資産）
バーゼル規制	（規制で決められた自己資本）／（リスクアセット）

　バーゼル規制の自己資本比率における分母に現れるリスクアセット（英語ではRWA（Risk Weighted Asset））は，オフバランスやオンバランスの代表的な3つのリスクに対して自己資本を一定以上に維持することを目的に設定された仮想的な資産の合計額である．すなわちリスクアセットは，信用リスクアセット，市場リスクアセットとオペレーショナルリスクアセットの和である（表2-8）．

$$リスクアセット＝信用リスクアセット＋市場リスクアセット$$
$$＋オペレーショナルリスクアセット.$$

表2-8　リスクアセットの構成

	内容
信用リスク	取引相手のデフォルトなどにより被る損失リスク
市場リスク	株価，金利，為替などの市場変数の変動により被る損失リスク
オペレーショナルリスク	金融機関の業務が不適切に行われるリスクだが，人やシステムなどの内部要因によるものだけでなく災害など外部要因によるものも含まれる

　リスクアセットは期待損失額（損失額の期待値でEL（Expected Loss）とも呼ばれる）を超過する損失額（非期待損失額，UL（Unexpected Loss））をカバーするために必要な金額として概念的には考えられる．期待損失額は引当金と呼ばれるものでカバーされるのに対して，非期待損失額は自己資本によりカバーされる必要がある．さらに，バーゼルⅢにおいてはレバレッジ比率規制（レバレッジ比率＝レバレッジ比率規制で決められた自己資本／総エクスポー

ジャー）と呼ばれるものが導入され，自己資本はリスクアセットのみならず総エクスポージャーの金額を下回らないよう規定されている（表2－9）．ただし，エクスポージャーとは，取引相手がデフォルト時に受け取り損ねる金額の見積金額であり，オフバランスとオンバランスのエクスポージャーを足し合わせたものが総エクスポージャーである．

表2－9　比率2つの目的

	目的
自己資本比率	リスクアセットに対する自己資本＊の充実度を高める
レバレッジ比率	総エクスポージャーに対する自己資本＊の充実度を高める

＊自己資本の定義は両者で異なる．

　リスクアセットや総エクスポージャーをすべて計算するためには，デリバティブ取引の時価，CVAやそれらの感応度の計算が必要となる．

　第2の柱のICAAP観点からはストレステストが求められており，市場環境の急激な変化も含めたシナリオに対して自己資本が十分であるかの検証が必要で，その結果は第3の柱で情報開示が求められる．そのような計算においてもやはりデリバティブの時価やCVAの計算が必要となる．

　以上のようにバーゼル規制の順守の観点からも時価やCVAの計算は重要となる．

2 − 6

数学の復習

　本節では本書で述べる機械学習で必要となる数学を復習する．微分法の基本事項にとどまるため，自信のある方は読み飛ばしていただいても問題ない．

⑴　微分係数

　任意の実数からなる変数xに別の実数値$y=f(x)$を対応させる関数を考えたとき，変数xを$x+h$に幅h（正でも負でもよい）変化させたときの値変化

$$f(x+h)-f(x)$$

を考える．この値変化を幅hで割った値

$$\frac{f(x+h)-f(x)}{h}$$

は，変数xを1単位動かしたときに値$f(x)$が変化する量だと考えられ，平均変化率と呼ばれる．平均変化率は幅hに応じて変わるが，hをゼロに近づけたときの極限

$$\lim_{h\to 0}\frac{f(x+h)-f(x)}{h}$$

が存在するときに微分係数と呼ばれ，記号では，

$$\frac{df}{dx}(x)=f'(x)=\frac{dy}{dx}=y'$$

のように書かれる．幅hが0以外の正や負の値をとりながらゼロに近づいた

ときの極限値である．微分係数を求めることを微分するという．

⑵　**偏微分係数**

　複数の実数からなる変数の組合せ，たとえばn個の変数$(x_1, x_2, \ldots, x_n)$に実数値$y = f(x_1, x_2, \ldots, x_n)$を対応させる関数を考える．ある1つの変数$x_i, i = 1, 2, \ldots, n$以外の変数はある値に固定し，変数$x_i$のみを動かすことで1変数関数$x_i \mapsto f(x_1, \ldots, x_i, \ldots, x_n)$を考えたときの極限

$$\lim_{h \to 0} \frac{f(x_1, \ldots, x_i + h, \ldots, x_n) - f(x_1, \ldots, x_i, \ldots, x_n)}{h}$$

が存在するときに偏微分係数と呼ばれ，記号では，

$$\frac{\partial f}{\partial x_i}(x_1, \ldots, x_i, \ldots, x_n) = \frac{\partial y}{\partial x_i}$$

のように書かれる．偏微分係数を求めることを偏微分するという．

⑶　**合成関数の微分**

　実数からなる変数xに関数fを施して値$y = f(x)$が得られ，さらにもう一つの関数gを施して値$z = g(y) = g(f(x))$が得られたとする．このとき，変数xから値$z = g(f(x))$への対応は合成関数と呼ばれ$g \circ f$と書かれる（$(g \circ f)(x) = g(f(x))$）．合成関数の微分係数は，

$$\frac{d(g \circ f)}{dx}(x) = \frac{dg}{dy}(f(x))\frac{df}{dx}(x)$$

となる．

⑷　**合成関数の偏微分**

　n変数$(x_1, x_2, \ldots, x_n)$にm個の実数値関数f_jを施してm変数$(y_1, y_2, \ldots, y_m)$が，

$$\begin{cases} y_1 = f_1(x_1, x_2, \ldots, x_n), \\ y_2 = f_2(x_1, x_2, \ldots, x_n), \\ \qquad\qquad \vdots \\ y_m = f_m(x_1, x_2, \ldots, x_n) \end{cases}$$

のように得られ，さらに m 変数に実数値 $g(y_1, y_2, \ldots, y_m)$ を対応させる関数 g を施して値 $z = g(y) = g(f(x))$ が得られたとする．先にみた 1 変数の場合と同様，変数 x から値 $z = g(f(x))$ への対応は合成関数と呼ばれ $g \circ f$ と書かれる（$(g \circ f)(x) = g(f(x))$）．合成関数の微分係数は次のように計算できる．

$$\frac{d(g \circ f)}{dx_i}(x) = \sum_{j=1}^{m} \frac{\partial g}{\partial y_j}(f(x)) \frac{\partial f_j}{\partial x_i}(x).$$

2−7

固定キャッシュフローの時価

　100円を銀行に預金したとし，利息が年率0.01とする．簡単にするため預金が戻ってこないリスクがないと仮定する．1年後には$100 \times (1 + 0.01) = 101$円になるので，逆に考えると1年後の101円の現在価値は，

$$\frac{101}{1 + 0.01} = 100（円）$$

と考えられる．

　より一般的には1年複利の利息rで100円をn年間運用して受け取る金額は，デフォルトリスクを無視すれば，

$$100 \times (1 + r)^n$$

となるので，逆にn年後に受け取る金額Cの現在価値は，

$$\frac{C}{(1 + r)^n}$$

と考えられ，割引価値とも呼ばれる．

　ここで現在価値を考える際，利息rの運用によるデフォルトリスクは他の株式や社債などの金融資産と比較して相対的に低いと考えて無視している．その意味で利息rはリスクフリーレートと呼ばれる．

2 − 8

連続複利

まず単利と複利の定義を振り返ろう．元本金額 N，年率 r のとき，1年単利と1年複利それぞれに対する利息，元本と利息の総額推移は表2−10のとおり．

表2−10　単利と複利

	単利		複利	
	利息	総額	利息	総額
当初	—	N	—	N
1年目	Nr	$N(1+r)$	Nr	$N(1+r)$
2年目	Nr	$N(1+2r)$	$N(1+r)r$	$N(1+r)^2$
3年目	Nr	$N(1+3r)$	$N(1+r)^2r$	$N(1+r)^3$

1年当りの複利回数を増やしたときの利息，元本と利息の総額推移は表2−11，2−12のとおり．

表2−11　複利が半年ごと

	利息	総額
当初	—	N
6カ月目	$N\dfrac{r}{2}$	$N\left(1+\dfrac{r}{2}\right)$
1年目	$N\left(1+\dfrac{r}{2}\right)\dfrac{r}{2}$	$N\left(1+\dfrac{r}{2}\right)^2$

1年間で m 回複利なら T 年後の総額は，

表2−12　複利が3カ月ごと

	利息	総額
当初	—	N
3カ月目	$N\dfrac{r}{4}$	$N\left(1+\dfrac{r}{4}\right)$
6カ月目	$N\left(1+\dfrac{r}{4}\right)\dfrac{r}{4}$	$N\left(1+\dfrac{r}{4}\right)^{2}$
9カ月目	$N\left(1+\dfrac{r}{4}\right)^{2}\dfrac{r}{4}$	$N\left(1+\dfrac{r}{4}\right)^{3}$
1年目	$N\left(1+\dfrac{r}{4}\right)^{3}\dfrac{r}{4}$	$N\left(1+\dfrac{r}{4}\right)^{4}$

$$N\left(1+\frac{r}{m}\right)^{mt}$$

であり，m が十分大きいと Ne^{rT} に近づく．複利回数が無限に多いときの複利は連続複利と呼ばれ，総額を計算するには当初元本に e^{rT} を掛けるだけとシンプルなのでデリバティブの時価計算ではよく用いられる．

　連続複利を用いると，上記の T 年後に受け取る金額 C の時価は，

$$Ce^{-rT}$$

となる（連続複利による割引価値）．もはや t は整数である必要はなく非負の実数でよいので，将来の任意時点のキャッシュフローの時価を考えやすい．そのためデリバティブの時価評価では連続複利による割引価値が一般には用いられ，e^{-rt} はディスカウントファクターと呼ばれる．

　契約時点 0 から時間が経った後の時点 $t>0$ における時価 V_t は，

$$V_t = Ce^{-r(T-t)}$$

である．したがって，将来の固定キャッシュフローの時価は受取金額 C と残存期間 $T-t$ からなる取引データ（取引情報），および金利 r からなる市場デー

タの関数となる．このように，時価は取引データと市場データを入力とする関数の計算に帰着する．ここで述べた簡単なキャッシュフローに限らず，複雑なデリバティブの時価評価にも当てはまる特徴である．したがって，取引データと市場データを引数とする時価関数が機械学習の対象となる．

2－9

先渡しの時価

　先に述べたデリバティブの取引形態のなかで，先物・先渡しやスワップは原資産価格の1次多項式関数の値が受け渡される点で数式上の共通点があるため，代表して先渡契約の時価計算について述べる．残りのオプション契約の時価計算は次節で述べる．また，先物については，取引所取引で価格変化相当額の清算が日々行われるため，金利の変動などを考慮に入れると先渡しとの違いに関するテクニカルな議論もあるが，本題ではないので違いは忘れてよい．

　先渡契約で満期Tに原資産を購入できる価格Fは先渡価格と呼ばれ，

$$F = e^{rT} S_0$$

となる．これは上述の裁定機会が存在しないと仮定することで背理法により導くことができる．

　まず仮に$F > e^{rT} S_0$としよう．次の2つの取引を行う．

● 先渡しの売り契約を行う．満期Tにおいての損益は$F - S_T$となる．

● 原資産を購入するのに必要な金額S_0を借り入れて満期Tの時点で原資産を購入する．満期においての損益は$S_T - S_0 e^{rT}$となる．

　2つの取引をあわせると，満期に，

$$(F - S_T) + (S_T - S_0 e^{rT}) = F - S_0 e^{rT} > 0$$

の利益を確定することができる．よって，裁定機会が存在してしまうので$F > e^{rT}$は否定される．

　逆に$F < e^{rT} S_0$としよう．次のような2つの逆の取引を行う．

● 先渡しの買い契約を行う．満期Tにおいての損益は$S_T - F$となる．

●原資産を借りてきて売却（空売り）して入手した金額S_0を銀行預金で運用する．満期において株の買戻しによる返却とあわせた損益は$S_0 e^{rT} - S_T$となる．

2つの取引をあわせると，満期に，

$$(S_T - F) + (S_0 e^{rT} - S_T) = S_0 e^{rT} - F > 0$$

の利益を確定することができる．よって裁定機会が存在してしまうので$F < e^{rT}$も否定される．

以上のことから$F = e^{rT} S_0$が結論づけられる．これは原資産価格が銀行預金と同じ利率で増えることを仮定した場合の価格ということになる．

契約時点0から時間が経った後の時点$t > 0$における時価を考えよう．いまの議論から，時点tにおいて満期T（残存期間$T-t$）の先渡しを仮に実行するなら価格は$e^{r(T-t)} S_t$である．よって将来時点$t \leq T$における先渡しの時価V_tは，買いなら，

$$V_t = e^{-r(T-t)} (e^{r(T-t)} S_t - F)$$

で売りなら，

$$V_t = e^{-r(T-t)} (F - e^{r(T-t)} S_t)$$

となる．

したがって，先渡契約の時点tにおける時価は，先渡価格Fと残存期間$T-t$からなる取引データ，および原資産価格S_tと金利rからなる市場データの関数である．

2－10

ヨーロッパ型コールオプションの時価

　ヨーロッパ型コールオプションの時価を考える前にまず，本源的価値と呼ばれるものを紹介する．満期を待たずある時点$t \leq T$の原資産価格S_tに対して，権利行使した場合の受取金額$\max(S_t - K, 0)$は本源的価値と呼ばれる．すなわち原資産価格が行使価格より低ければ権利行使されず受取金額はゼロであるが，原資産価格が行使価格を超えれば超えるほど直線的に利益が出る（図2－10）．

図2－10　コールオプションの受取金額

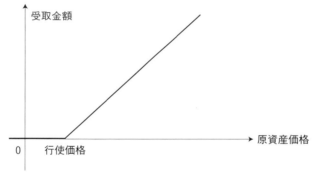

　その定義から本源的価値は満期に近づくにつれて受取金額や時価に近づく．満期が来るまでは原資産価格がより大きくなる可能性があるので，本源的価値より時価は高くなり，その差は時間的価値と呼ばれる（図2－11）．
　時価に影響を与える変数は表2－13のとおりである．
　まず，上でみたように本源的価値はストライクと原資産価格に依存する．時間的価値は前述のとおり満期が来るまでに原資産価格がより大きくなる可能性による価値なので，残存期間やボラティリティ（原資産価格の単位時間

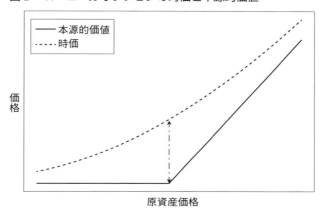

図2−11　コールオプションの時価と本源的価値

表2−13　ヨーロッパ型コールオプション時価

種類	変数	変数が上昇したときの時価影響
取引データ	ストライク	低下
	残存期間	上昇
市場データ	原資産価格	上昇
	金利	低下
	ボラティリティ	上昇

当りの変化率の標準偏差）に依存する．最後に評価時点までのディスカウントファクターを考慮するので金利にも依存する．したがって時価は表2−13のすべての要素の関数となる．

　以上では定性的な側面について述べたが，実際の時価は各社の評価モデルに依存して計算されるので同じ商品の時価でも会社ごとに異なる．評価モデルが仮定する原資産の確率分布をふまえたうえで，確率論や数値計算などの知見を活用して計算される．

　最も有名なBlack-Scholesモデルによる時価は，本題ではないので導出は省略するが，以下のような簡単な計算式に帰着できることが知られている．

$$V_t = f_{\mathrm{BS}}(t, S_t).$$

ただし，

$$f_{\mathrm{BS}}(t, x) = e^{-r(T-t)}(x\Phi(d_+(t,x)) - K\Phi(d_-(t,x))),$$

ただし，

$$\Phi(\mathrm{u}) = \frac{1}{\sqrt{2\pi}} \int_{-\infty}^{u} e^{-\frac{1}{2}y^2} dy,$$

$$d_+(t,x) = \frac{1}{\sigma\sqrt{T-t}} \left\{ \log\frac{x}{K} + \left(r + \frac{1}{2}\sigma^2\right)(T-t) \right\},$$

$$d_-(t,x) = \frac{1}{\sigma\sqrt{T-t}} \left\{ \log\frac{x}{K} + \left(r - \frac{1}{2}\sigma^2\right)(T-t) \right\}.$$

　このような簡単な計算式に帰着するのは原資産に仮定した確率分布による
ところが大きい．仮定する確率分布を変えると，たとえばモンテカルロ法と
呼ばれる大量の乱数を生成させる必要が生じ，より重い計算が必要となる．

2−11

モンテカルロ法の説明

　計算負荷の高いものの代表例としてモンテカルロ法の例を述べる．ここでいうモンテカルロ法とは，乱数を生成して原資産価格などの不確定要素の将来値としてのシナリオをシミュレーションし，各シナリオに対して発生する受渡金額やリスク量を計算する方法を意味する．

2−11−1　満期1時点

　現時点$t=0$においては$S_0=112.35$であるとき，原資産の満期における価格S_Tを，計算機上で乱数生成を行ってシミュレーションしてN個発生させた結果が表2−14である（たとえば$N=1$万）．

表2−14　原資産の満期における価格のシナリオ

時点	0	T
シナリオ1	$S_0=112.35$	$S_T^1=115.01$
シナリオ2	$S_0=112.35$	$S_T^2=112.12$
⋮	⋮	⋮
シナリオN	$S_0=112.35$	$S_T^N=111.35$

　ここでS_T^iはS_Tのi番目のシミュレーション値であり，右肩の添え字はべき指数ではないので注意．すると現時点$t=0$における時価は次のようなペイオフを割り引いた値の単純平均として近似的に計算される[1]．

---

[1]　本書では深入りしないが，原資産の確率分布は市場価格に整合的になるように決められ（リスク中立化法などと呼ばれる），ここでの$\mathbb{E}$はそのような確率分布に関する期待値を意味する．

$$V_0 = \mathbb{E}[e^{-rT} \max(S_T - K, 0)] = \frac{1}{N} e^{-rT} \sum_{i=1}^{N} \max(S_T^i - K, 0)$$

まとめると確率変数を乱数生成によりシミュレーションし，確率変数に依存する量の単純平均を計算することで，期待値を求めている．

2−11−2　複数時点

次に，将来時点$0 = t_0 < t_1 < \cdots < t_n$におけるそれぞれの値$S_{t_i}$に依存して将来ペイオフ$h(S_{t_1}, S_{t_2}, \ldots, S_{t_n})$が決まる商品の時価計算を考える．例としては，

$$h(S_{t_1}, S_{t_2}, \ldots, S_{t_n}) \approx \max\left(\frac{1}{(n+1)} \sum_{j=0}^{n} S_{t_j} - K, 0\right)$$

などがあり（2変数関数$\max(a, b)$はaとbの最大値を返す），アジア型コールオプションと呼ばれる．

左記の例では満期1時点の将来シナリオに着目したが，今回は複数のn時点の将来シナリオを生成する必要がある．やはり計算機上で乱数生成を行ってN個発生させた結果が表2−15である．

表2−15　原資産の将来価格のシナリオ

時点	0	t_1	t_2	$\cdots$	t_n
シナリオ1	112.35	113.00	113.32	$\cdots$	118.21
シナリオ2	112.35	112.12	111.39	$\cdots$	115.29
$\vdots$	$\vdots$	$\vdots$	$\vdots$	$\cdots$	$\vdots$
シナリオN	112.35	112.05	111.90	$\cdots$	119.32

すると，現時点$t = 0$における時価は次のようなペイオフを割り引いた値の単純平均として近似的に計算される．

$$V_0 = \mathbb{E}[e^{-rT} h(S_{t_1}, S_{t_2}, \ldots, S_{t_n})] \approx \frac{1}{N} e^{-rT} \sum_{i=1}^{N} h(S_{t_1}^i, S_{t_2}^i, \ldots, S_{t_n}^i).$$

たとえば，$n = 250$，$N = 10{,}000$なら$nN = 2{,}500{,}000$という個数の原資産価格をシミュレーションする必要がある．

ここでは原資産が1つの場合を考えたが，たとえば複数の株価，さらには各国の金利，さまざまな通貨ペアに対する為替レートなど，原資産が複数の場合も多い．そのような場合には多くの計算コストを要する傾向がある．

2 −11− 3　VaR

信頼水準α（$\alpha = 99\%$など），期間h（タイムホライズンと呼ばれ，通常は10日前後で実施されることが多い）における損失額$L := V_0 - V_h$（$:=$は右辺で左辺を定義するという意味）が確率αで超えない点，すなわち，

$$\mathbb{P}(L \leq x) = \alpha$$

となるような実数xはVaR（Value at Risk）と呼ばれる．気持ちとしてVaRは損失額Lの最大値だが，理屈のうえではいくらでも大きいことがありうるので，信頼水準αの確率で損失額はVaR以下になるといった考え方をする．

たとえば$\alpha = 99\%$で損失額Lを1万回シミュレーションして，

$$L^1, L^2, \ldots, L^{10{,}000}$$

が得られたとき，小さいものから順番に並べ替えて9,900番目（$10{,}000 \times 99\%$）のものをVaRの推定量とみなす．ここで損失額Lをシミュレーションするためには，一般的には原資産価格のシミュレーションが必要となる．ただし，VaRの計算方法はこのようなシミュレーション以外にもさまざまな方法がある．

2 −11− 4　CVA

CVAとは，取引相手がデフォルトしたときに本来なら得られたはずのキャッシュフローが得られなくなることによる損失の評価額である．すなわち時点tにおける取引相手に対する正のエクスポージャーは時価（当該取引相手に対するデリバティブ取引の時価に関して，正と負を相殺（ネッティング）

して合算した金額）と 0 の大きいほう

$$E_t = \max(V_t, 0)$$

として定義され，CVAは正のエクスポージャーの期待値にディスカウント
ファクターを掛けて現時点 0 から満期 T までの期間を細分化

$$0 = t_0 < t_1 < t_2 < \cdots < t_n = T$$

して足し合わせたものである．

$$\text{CVA} = -(1 - R_C)\lambda_C \sum_{k=1}^{n} (t_k - t_{k-1}) e^{-(r + \lambda_B + \lambda_C)t_k} \mathbb{E}[E_{t_k}].$$

ただし，CVA計測をしている金融機関のハザードレート（すぐ後で定義）
を λ_B，取引相手のハザードレートを λ_C，取引相手がデフォルトしたときの
回収率を R_C とした．

ここでハザードレートの定義をしておこう．時点 t において当該企業が生
存している確率は指数関数的に減少するとする．すなわちデフォルト時点を
確率変数 τ で表すと，

$$\mathbb{P}(\tau > t) = e^{-\lambda t}$$

のようにある定数 λ で表されるとする．この定数はハザードレートと呼ばれ
る．このとき時点 t までデフォルトしていないという条件下で，次の微小期
間 Δt の後もデフォルトせずに生存している条件付確率は，

$$\mathbb{P}(\tau > t + \Delta t | \tau > t) = \frac{\mathbb{P}(\tau > t + \Delta t, \tau > t)}{\mathbb{P}(\tau > t)}$$

$$= \frac{\mathbb{P}(\tau > t + \Delta t)}{\mathbb{P}(\tau > t)}$$

$$= \frac{e^{-\lambda(t + \Delta t)}}{e^{-\lambda t}} = e^{-\lambda \Delta t}$$

のようになる（一般に事象 A のもとで事象 B が発生する条件付確率は $\mathbb{P}(B|A)$ と
書かれ，A と B がともに発生する確率を B が発生する確率で割ったものとして定義

される）．また時点tまでデフォルトしていないという条件下で，次の微小期間Δtの間にデフォルトする条件付確率は，

$$\mathbb{P}(\tau \leq t + \Delta t \,|\, \tau > t) = 1 - e^{-\lambda \Delta t} \approx \lambda \Delta t$$

のようになる．ここで$\approx$は近似的に等しいことを意味し，微小期間Δtが十分近いと近似精度も高い．この観点から時点tのハザードレートは，時点tまでデフォルトしていないという条件下で，次の微小期間にデフォルトする確率をその微小期間で割って単位時間当りに換算した条件付確率として解釈できる．

　細分化した幅$t_k - t_{k-1}$はどのkについても十分小さくなるように設定して計算される．なお，数学的にCVAは積分として定式化され，それを離散化して実務上の数値計算が実行されるので，必ずしも上の式がそのまま計算されるとは限らない．ここでは概念をわかりやすくするためにこのように定義した．

　式の解釈を述べよう．
- 項$e^{-\lambda_B t_k}$は時点t_kまで金融機関が生存（デフォルトしていない）している確率．
- 項$e^{-\lambda_C t_k}$は時点t_kまで取引相手が生存（デフォルトしていない）している確率．
- 項$\lambda_C(t_k - t_{k-1})$は時点t_kまで生存していた取引相手が期間$[t_{k-1}, t_k]$においてデフォルトする確率．
- 項$(1 - R_C)$は取引相手がデフォルトしても回収されない割合．

　したがって，各kに対して，時点t_kまで金融機関も取引相手も生存していてかつ取引相手のみが期間$[t_{k-1}, t_k]$にデフォルトする確率

$$e^{-\lambda_B t_k} e^{-\lambda_C t_k} \lambda_C(t_k - t_{k-1}),$$

正のエクスポージャーのうち回収されない額の期待値

$$\mathbb{E}\big[(1 - R_C) E_{t_k}\big],$$

そしてディスカウントファクター

$$e^{-rt_k}$$

の 3 つを掛けた結果を $k = 1, 2, \ldots, n$ に関して足し合わせている．最後にマイナス符号をつけているのは，CVA が金融機関にとって損失を表すからである．

　モンテカルロ法による計算イメージは以下のようになる．各 k に対してエクスポージャーの期待値 $\mathbb{E}[E_{t_k}]$ の計算が必要となるが，モンテカルロ法でエクスポージャーの列

$$E_{t_k}^1, E_{t_k}^2, \ldots, E_{t_k}^N$$

を発生させて，

$$\mathbb{E}[E_{t_k}] \approx \frac{1}{N} \sum_{i=1}^{N} E_{t_k}^i$$

のように近似的に計算する．

　仮にヨーロッパ型オプション 1 取引のみの買いからなるポートフォリオでかつ原資産価格が Black-Scholes モデルに従うなら，エクスポージャーは，

$$E_{t_k} = \max\left(f_{\mathrm{BS}}(t_k, S_{t_k}), 0\right)$$

と書けるので，株価の列

$$S_{t_k}^1, S_{t_k}^2, \ldots, S_{t_k}^N$$

を乱数生成によりシミュレーションすれば，エクスポージャーの列

$$E_{t_k}^i = \max\left(f_{\mathrm{BS}}(t, S_{t_k}^i), 0\right)$$

も得られることになる．

　実際にはポートフォリオは複数の商品からなり，原資産もさまざまで Black-Scholes モデルに従う分布ばかりを仮定できるわけではないことが多いので，計算コストはかなり大きい傾向がある．

CVA計算は商品単位（1取引）ではなく，対取引相手のポートフォリオ単位（当該顧客との全取引）で計算することに意味がある．ここで商品単位のCVAを仮に合計したとしても，ポートフォリオ全体のCVAには一致しないことに注意する．このことは，たとえば同じ取引相手との間で1年後に百万円受け取る取引1と1年後に百万円支払う取引2の2取引からなるポートフォリオを考えるとわかりやすい（表2-16）．取引相手のデフォルト確率がゼロでない限り取引1のCVAはゼロではないが，取引2は取引相手のデフォルト有無にかかわらず受取りはないのでCVAはゼロである．一方でこのポートフォリオ全体は，取引1と取引2の受払いがキャンセルしてキャッシュフローは何も生じないのでCVAはゼロである．したがって，CVAは商品単位で計算するのではなく取引相手のポートフォリオ単位で計算する必要がある．

表2-16　2取引からなるポートフォリオ

取引	キャッシュフロー	CVA
取引1	百万円の受取り（1年後）	発生
取引2	百万円の支払（1年後）	0
ポートフォリオ （取引1＋取引2）	受払いなし	0

また，担保契約において含み損が信用極度額（threshold）と呼ばれる閾値に達するまでは担保を差し入れなくてよい場合や，含み損の拡大などで追加の担保を差し入れる場合に最低引渡担保額（Minimum Transfer Amount）以下なら不要とされる場合があるので，この辺りの反映のためにはポートフォリオ単位の考慮が必要となる（閾値や最低引渡担保額は先に述べた正のエクスポージャー計算にも影響し，E_tの計算式を調整する必要がある）．

2-11-5　PFE

信頼水準 α（$\alpha = 99\%$ など）

$$\mathbb{P}(E_T \leq x) = \alpha$$

となるような実数xは時点TにおけるPFE（Potential Future Exposure）と呼ばれる．たとえば$\alpha = 99\%$なら，1万回シミュレーションして，

$$E_T^1, E_T^2, \ldots, E_T^{10,000}$$

が得られたとき，小さいものから順番に並べ替えて9,900番目（10,000×99%）のものをPFEの推定量とみなすのが1つの方法である．

　先に述べたVaRと似ているが，Tは一般には半年，1年，2年，……，20年のように各取引の残存期間まで動かして計算することになるので，シミュレーション期間が長いため計算コストはPFEのほうが高い傾向にある．

2−11−6　KVA

　バーゼル規制によりデリバティブ取引に対して要求される最低所要自己資本の調達コストを調整するためのKVAを考えよう．KVAは最低所要自己資本の調達コストK_tの期待値にディスカウントファクターを掛けて現時点0から満期Tまでの期間を細分化

$$0 = t_0 < t_1 < t_2 < \cdots < t_n = T$$

して足し合わせたものである．

$$\mathrm{KVA} = -\sum_{k=1}^{n}(t_k - t_{k-1})e^{-(r + \lambda_B + \lambda_C)t_k}\mathbb{E}[K_{t_k}].$$

　ただし，金融機関のハザードレートをλ_B，取引相手のハザードレートをλ_CとするのはCVAのときと同様である．KVAの場合も細分化した幅$t_k - t_{k-1}$はどのkについても十分小さくなるように設定して計算される．数学的にKVAも積分として定式化され，それを離散化して数値計算が実行されるので，必ずしも上の式がそのまま計算されるとは限らない．

　式の解釈としては，金融機関も取引相手も時点t_kまで生存している確率

$$e^{-\lambda_B t_k} e^{-\lambda_C t_k},$$

最低所要自己資本の期待値

$$\mathbb{E}[K_{t_k}],$$

そしてディスカウントファクター

$$e^{-rt_k}$$

の３つを掛けた結果を $k=1,2,\ldots,n$ に関して足し合わせている．最後に－符号をつけているのは，KVAが金融機関にとって損失を表すからである．

　モンテカルロ法による計算イメージは以下のようになる．各 k に対して裁定所要自己資本の期待値 $\mathbb{E}[K_{t_k}]$ の計算が必要となるが，モンテカルロ法で所要資本の列

$$K_{t_k}^1, K_{t_k}^2, \ldots, K_{t_k}^N$$

を発生させて，

$$\mathbb{E}[K_{t_k}] \approx \frac{1}{N}\sum_{i=1}^{N} K_{t_k}^i$$

のように近似的に計算する．

　裁定所要自己資本 K_{t_k} は計算コストは一般に大きくなる．たとえば，所要資本のなかの信用リスクアセットの構成要素のなかにCVA変動リスクに対する所要自己資本がある．これは規制で定められた関数にCVAの感応度を入力して計算される．したがって，K_{t_k} のシミュレーションには将来時点 t_k におけるCVA感応度が必要となる．CVA感応度は市場変数が動いたときのCVA変化額として計算されるので，KVAのシミュレーション計算においてCVAの将来値の計算が必要となる．CVAの計算も先にみたように一般にはシミュレーションが必要なので，言わば二重のシミュレーション計算が必要となる．そのまま計算すると計算コストが膨大になるので，なんらかの工夫や近似計算が必要となる．

3

機械学習

3－1

前章までの振り返り

　前章までに述べたことから，以下のような計算対象の計算を効率的に行うことに関心がある.

● デリバティブの時価，XVAやそれらの感応度.

● VaRやPFEなどのリスク管理の指標.

● 最低所要自己資本.

　これらは突き詰めればすべて市場データと取引データを入力とする関数の計算の組合せである.

　したがって，ここからはファイナンスにはこだわらず一般的な多変数を入力とする関数に対して機械学習を活用して計算コストの低い近似関数を構築することに集中する. そして具体的な応用例や実装例としてファイナンスの問題を取り上げ，最後に機械学習をファイナンスに応用するうえでの今後の課題や見通しについて述べる.

3－2

ニューラルネットワークとは

　本書では，目的となる関数をニューラルネットワークにより近似して予測関数を構築する方法を述べる．ニューラルネットワークは機械学習の一種である．機械学習と聞いてAI（人工知能）を思い浮かべる人も多いと思われるが，実際にそのとおりでAIは機械学習より広い概念である．AIは人間の知的な営みを計算機で実現したものを指す概念であり，機械学習はAI構築の１つの方法である．知的な営みを実現させるからには知識の学習が必要になるが，AIは人が教えるのを前提としている場合もあるのに対して，機械学習は計算機が自ら学ぶ点に特徴がある．人が教える場合には当然ながら限られた個数のものしか教えられないが，それでは成果を出せないような場合に機械学習のメリットが出る．たとえばパターン認識がある．手書きの文字を正しく判定するといった分類問題は，無限のパターンを人が教えることはできないが，計算機に自ら学習させることで解決に至った．時価関数の予測においても，関数の引数に入力される値が一般には無限通りあるので機械学習のメリットが発揮できる．

3－2－1　機械学習の学習方法

　機械学習の学習方法には３つの代表的なものがある（表３－１）．

(1) 【教師あり学習】入力と出力としての正解のペアを大量に受け取って学習するもので，本書で述べる関数の予測はこの学習方法に基づいている．入力変数と関数 f の出力の大量のペア $(x[1], f(x[1])), \ldots, (x[M], f(x[M]))$ を学習することで，新たな入力 x に対して $f(x)$ を予測するものである．

(2) 【教師なし学習】入力されたデータに対して，入力のみからなり正解を含まないデータを学習させるものである．たとえばクラスター分析と呼ば

表3－1　学習の種類

教師あり学習	教師なし学習	強化学習
入力と出力としての正解のペアを大量に受け取って学習	データの分類や単純化など分析結果の正解を与えないで分類方法や単純化の方法を学習	出力に報酬を付与して報酬を最大化させるように学習

れるデータの分類方法がある．正解としての分類方法が指定されていない状況下で，カテゴリーをいくつか機械が自らつくって分類する手法である．顧客の属性情報やアンケート結果などにクラスター分析を適用し，機械が出してくれたカテゴリーごとの意味を人間が解釈してそれに見合った営業活動を行うといった応用がある．ちなみに同じくデータの分類手法として知られる判別分析は教師あり学習に相当するので注意を要する．判別分析も入力されたデータを分類する手法だが，正解としての分類があらかじめ決まっている．たとえば，各顧客の性別と年齢が入力された場合にある製品を購入したかしなかったかで分類する場合などである．各々の顧客は購入したかしなかったかがわかっているので正解データが得られていることになる．

(3)　【強化学習】入力に対して出力の正解を与えるかわりに，出力に応じた評価を報酬として与えることを繰り返し，報酬を最大化させるように学習するものである．たとえば，収益という報酬を最大化するようなポートフォリオの構築などが考えられる．

3－2－2　ニューラルネットワーク

生物のニューロン（神経細胞）同士の結びつきはニューラルネットワーク（神経回路網）と呼ばれる．学習のさせ方とは別に，機械学習を実現する手段の1つとして，計算機上でニューラルネットワークを構築する方法がある（細かくいえば，機械学習なら必ずしもニューラルネットワークというわけではないし，逆にニューラルネットワークモデルの学習手段が機械学習に限定されるわ

けではない）．本書では関数の予測に機械学習を活用することを目的としているので，ニューラルネットワークを教師あり学習で学習させることに焦点を当てている．ニューラルネットワークのなかでもより複雑なものとして深層学習（Deep Learning）があるが，詳細な定義は後で説明する．

　生物の場合，各ニューロンが他の（一般には複数の）ニューロンから信号をもらったときに発火するかしないかは，もらった信号の発火度合いをあわせたものに依存し，ある閾値を超えるまでは発火しない．発火すればさらに他のニューロンに信号として伝えられる．以下ではこのような性質に着目してニューラルネットワークを計算機上で構築する方法を説明する．

3－2－3　パーセプトロン

　ニューラルネットワークを計算機で扱うために数学的に表現しよう．まず信号の大きさを数の1（大きい）か0（小さい）に対応させる．あるニューロンに着目し，ほかの2つのニューロンから信号（2つの入力）をもらったとする．すなわち，入力となるペア(x_1, x_2) $(x_1, x_2 = 0, 1)$ に対してウェイトと呼ばれる定数w_1, w_2を掛けて足し合わせた値$w_1 x_1 + w_2 x_2$がある実数からなる閾値bを超えるまでは値0（発火なし）を，超えれば値1（発火あり）を返すような関数gを考える．これはパーセプトロンと呼ばれニューラルネットワークのなかでも特にシンプルなものである（図3－1）．

$$g(x_1, x_2) = \begin{cases} 0, & \text{if } w_1 x_1 + w_2 x_2 \leq b, \\ 1, & \text{if } w_1 x_1 + w_2 x_2 > b, \end{cases} \quad x_1, x_2 = 0, 1.$$

図3－1　パーセプトロンの概念図

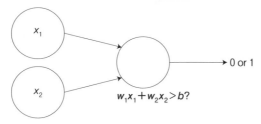

パーセプトロンでさまざまな関数を近似するためには，生物的な意味を忘れ，ウェイトや閾値に負の数も許したほうが好都合である．そこでパーセプトロンの関数形において，判定条件の右辺のbを左辺に移行して，

$$w_1 x_1 + w_2 x_2 - b \leq 0$$

となった式における$-b$を改めてbと書き（bには正と負の両方を許すのでこのほうがみやすい），

$$g(x_1, x_2) = \begin{cases} 0, & \text{if } w_1 x_1 + w_2 x_2 + b \leq 0, \\ 1, & \text{if } w_1 x_1 + w_2 x_2 + b > 0, \end{cases} \quad x_1, x_2 = 0, 1$$

のように書き換える．このbはバイアスと呼ばれる．

関数gのかたちをみて単位ステップ関数

$$\sigma_{\text{step}}(x) = \begin{cases} 0, & x \leq 0, \\ 1, & x > 0 \end{cases}$$

を導入する（図3−2）．

図3−2　単位ステップ関数

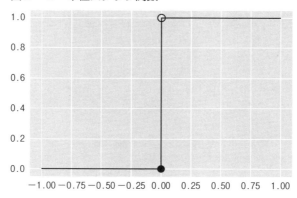

単位ステップ関数の値が1になる場合を発火に対応させるので，単位ステップ関数は活性化関数（伝達関数，activation function）とも呼ばれる．

一般化されたパーセプトロンは，ウェイトw_1, w_2もバイアスbも任意の実

図 3 - 3 　拡張されたパーセプトロンの概念図

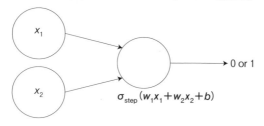

数として図 3 - 3 のように表される.

$$g(x_1, x_2) = \sigma_{\text{step}}(w_1 x_1 + w_2 x_2 + b), \, x_1, x_2 = 0, 1.$$

3 - 2 - 4 　パーセプトロンの活用例

　2つの入力変数に1つの値を出力として返すような関数（ただし入力も出力も0か1に値をとる）を与えられたとき，ウェイト w_1, w_2 と閾値 b をうまく選んでパーセプトロンで表現することを考える.

【例1】　AND演算は，0か1に値をとる2つの入力が同時に1かどうかを判定する関数として定義される（表 3 - 2）.

$$\text{AND}(x_1, x_2) = \begin{cases} 1, & \text{if } (x_1, x_2) = (1, 1), \\ 0, & \text{if } (x_1, x_2) = (0, 0), (1, 0), (0, 1). \end{cases}$$

表 3 - 2 　AND演算

x_1	x_2	AND
0	0	0
0	1	0
1	0	0
1	1	1

　AND演算をパーセプトロンで近似しよう. パーセプトロンにおいて $w_1 = w_2 = 1, b = -1$ と置くと,

$$g(x_1, x_2) = \sigma_{\text{step}}(x_1 + x_2 - 1)$$

となり，AND演算に等しい．すなわち，

$$f(x_1, x_2) = g(x_1, x_2), x_1, x_2 = 0, 1$$

であることが，(x_1, x_2) の 4 つの組合せ $(0,0)$，$(0,1)$，$(1,0)$，$(1,1)$ を順に代入することで確かめられる．この場合は近似でなく厳密に目的の関数を再現できている（図 3 － 4）．

図 3 － 4　　AND演算の概念図

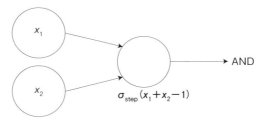

次にパーセプトロンのパラメータをたとえば，

$$g(x_1, x_2) = \sigma_{\text{step}}(0.6x_1 + 0.6x_2 - 1.1)$$

のようにウェイトやバイアスを変えても，パーセプトロンがAND演算に等しい点は変わらない．このように，具体的な関数をニューラルネットワークで表現しようとした場合，ウェイトやバイアスは一意的ではない．

【例 2】OR演算は，0 か 1 に値をとる 2 変数のうち少なくとも一方が 1 かどうかを判定する関数として定義される（表 3 － 3）．

$$\text{OR}(x_1, x_2) = \begin{cases} 1, & \text{if } (x_1, x_2) = (1,1), (1,0), (0,1), \\ 0, & \text{if } (x_1, x_2) = (0,0). \end{cases}$$

パーセプトロンにおいて $w_1 = w_2 = 1, b = -0.9$ とおくと，

$$g(x_1, x_2) = \sigma_{\text{step}}(x_1 + x_2 - 0.9)$$

表 3 - 3　OR演算

x_1	x_2	OR
0	0	0
0	1	1
1	0	1
1	1	1

となり，OR演算に等しいことが，(x_1, x_2) の 4 つの組合せを順に代入することで確かめられる．この場合も近似でなく厳密に目的の関数を再現できている（図 3 - 5）．

図 3 - 5　OR演算の概念図

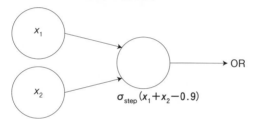

【例 3】NAND演算は，0 か 1 に値をとる 2 変数が同時に 1 ではないかどうかを判定する関数として定義される．

$$\mathrm{NAND}(x_1, x_2) = \begin{cases} 1, & \text{if } (x_1, x_2) = (0,0), (1,0), (0,1), \\ 0, & \text{if } (x_1, x_2) = (1,1). \end{cases}$$

AND演算の出力の 0 と 1 を入れ替えたものである（表 3 - 4）．

先のパーセプトロンにおいて，$w_1 = w_2 = -1, b = 1$ と置くと，

$$g(x_1, x_2) = \sigma_{\mathrm{step}}(-x_1 - x_2 + 1)$$

となり，NAND演算に等しいことが，(x_1, x_2) の 4 つの組合せを順に代入することで確かめられる（図 3 - 6）．

表3－4　NAND演算

x_1	x_2	NAND
0	0	1
0	1	1
1	0	1
1	1	0

図3－6　NAND演算の概念図

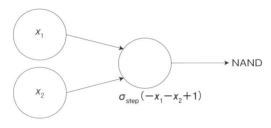

【例4】XOR演算は，0か1に値をとる2変数が同時に同じ値をとらないか
を判定する関数

$$XOR(x_1, x_2) = \begin{cases} 1, & \text{if } (x_1, x_2) = (1,0), (0,1), \\ 0, & \text{if } (x_1, x_2) = (0,0), (1,1) \end{cases}$$

として定義される．OR演算において入力が2つとも1の場合に0としたも
のである（表3－5）．

表3－5　XOR演算

x_1	x_2	XOR
0	0	0
0	1	1
1	0	1
1	1	0

この関数は先に登場した関数NANDとORを作用させてから，それらの結

果に関数ANDを作用させることでも表現できる.

$$XOR(x_1, x_2) = AND(NAND(x_1, x_2), OR(x_1, x_2)).$$

このような関数の合成で元の関数XORを表現できていることは表3－6のようにわかる.

表3－6　XORの合成表現

x_1	x_2	(1) NAND	(2) OR	AND　((1),(2))
0	0	1	0	0
0	1	1	1	1
1	0	1	1	1
1	1	0	1	0

関数NAND，ORやANDはすべてパーセプトロンで表現できていたことを思い出して代入すると,

$$
\begin{aligned}
XOR(x_1, x_2) &= AND(NAND(x_1, x_2), OR(x_1, x_2)) \\
&= \sigma_{step}(NAND(x_1, x_2) + OR(x_1, x_2) - 1) \\
&= \sigma_{step}(z_1 + z_2 - 1).
\end{aligned}
$$

ただし,

$$
\begin{aligned}
z_1 &:= \sigma_{step}(-x_1 - x_2 + 1), \\
z_2 &:= \sigma_{step}(x_1 + x_2 - 0.9).
\end{aligned}
$$

したがって，関数XORは，関数NANDやORに対応するパーセプトロンの出力z_1, z_2を計算し，さらに関数ANDに対応するパーセプトロンに与えた結果として出力される．すなわち関数XORはパーセプトロンを合成して2層で表現される（図3－7）.

ここではパーセプトロンを合成して関数XORを表現したが，必ずしもパーセプトロンを合成しないと表現できないわけではない．たとえば，先ほどのz_1, z_2を今度は次のように定義する.

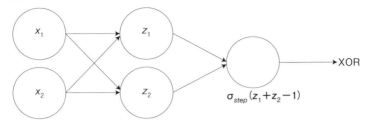

図3－7　2 XORをパーセプトロンの合成で表現

$$z_1 := \sigma_{\mathrm{step}}(-x_1 + x_2 - 0.9),$$
$$z_2 := \sigma_{\mathrm{step}}(x_1 - x_2 - 0.9).$$

すると，

$$\mathrm{XOR}(x_1, x_2) = z_1 + z_2$$

となることは表3－7よりわかる．

表3－7　XORの別表現

x_1	x_2	z_1	z_2	$z_1 + z_2$
0	0	0	0	0
0	1	1	0	1
1	0	0	1	1
1	1	0	0	0

　パーセプトロンを合成することの顕著な特徴は，活性化関数を二重に重ねて適用する点にあるが，ここでは一重に適用して足し合わせるのみにとどまっている（図3－8）．

　パーセプトロンの場合に限らず，より一般的なニューラルネットワークの場合においても層を増やすか増やさないかの選択に自由度があり，どれが効率的かは予測対象の関数の性質などに応じて決まる．

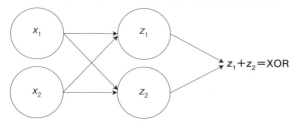

図３－８　XORをパーセプトロンの合成なしで表現

３－２－５　パーセプトロンの一般化としてのニューラル
　　　　　　ネットワーク

　より一般的な関数を予測するため，活性化関数のとる値を０か１の二択の
みならず連続的な実数に一般化すると同時に，入力や出力も０と１のみから
実数に一般化する．活性化関数の引数は，ほかのそれぞれのニューロンから
もらった信号に対してウェイトを掛けて足し合わせたものにバイアスを加え
た量であった．ウェイトとバイアスは「パラメータ」と呼ばれ，パラメータ
を決定することは「学習」と呼ばれる．

　上記の例では活性化関数として単位ステップ関数を採用した．生物のアナ
ロジーとしてはイメージが沸きやすいが，不連続なため予測関数の構築には
使いにくく別の活性化関数を使用することが多い．

　連続な活性化関数の例としてシグモイド関数と呼ばれるものは次のように
定義される（図３－９）．

$$\sigma_{\mathrm{sigmoid}}(x) = \frac{1}{1+e^{-x}}, \ -\infty < x < \infty.$$

　シグモイド関数は連続なだけでなく，微分可能でもある．後に述べる誤差
逆伝播法（パラメータを決める手法の１つ）において，活性化関数の微分可能
性は望ましい性質である．

　シグモイド関数を活性化関数として利用する際に問題となるのは，グラフ
の傾きがグラフの右に行くにつれてゼロに近づいてしまう点である．誤差逆

図 3 - 9　シグモイド関数

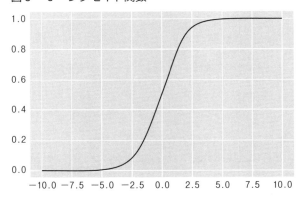

伝播法においては不都合が生じる.

　連続な活性化関数のもう一つの例としてReLU関数は次のように定義される（図 3 −10）.

$$\sigma_{\mathrm{ReLU}}(x) = \begin{cases} 0, & x \leq 0, \\ x, & x > 0. \end{cases}$$

図 3 −10　ReLU関数

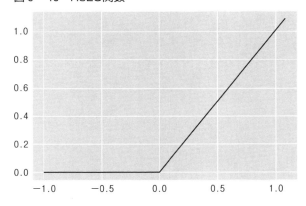

　シグモイド関数のようにグラフの傾きがグラフの右に行くにつれて小さくならず, 傾きが 1 のまま一定であり, 誤差逆伝播法の効率性を高めてくれる

ためよく利用されている．本書でも主にReLU関数を活性化関数として使用する．

活性化関数に共通して期待される重要な性質は直線的な関数からの脱却である．たとえば，ウェイトを掛けてバイアスを加える関数

$$a = wx + b$$

のグラフは直線である（図3−11）．

図3−11　$a=x+0.5$のグラフ

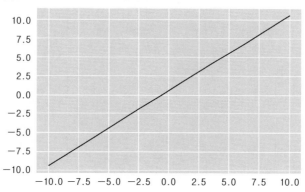

入力が2変数の場合，

$$a = w_1 x_1 + w_2 x_2 + b$$

も，たとえばx_2を固定して独立変数x_1を横軸，従属変数aを縦軸とするグラフはやはり直線である．

このようなウェイトを掛けてバイアスを加える操作だけを何度繰り返しても得られる関数は「ウェイトを掛けてバイアスを加える関数」に変わりはなく，できあがるグラフはすべて直線である．たとえばこの操作を2回繰り返してみよう．

$$(1) \quad \begin{cases} a_1 = w_{1,1} x_1 + w_{1,2} x_2 + b_1, \\ a_2 = w_{2,1} x_1 + w_{2,2} x_2 + b_2. \end{cases}$$

$$(2) \quad \begin{cases} \tilde{a}_1 = \tilde{w}_{1,1}a_1 + \tilde{w}_{1,2}a_2 + \tilde{b}_1, \\ \tilde{a}_2 = \tilde{w}_{2,1}a_1 + \tilde{w}_{2,2}a_2 + \tilde{b}_2. \end{cases}$$

すると，

$$\begin{aligned} \tilde{a}_1 &= \tilde{w}_{1,1}(w_{1,1}x_1 + w_{1,2}x_2 + b_1) + \tilde{w}_{1,2}(w_{2,1}x_1 + w_{2,2}x_2 + b_2) + \tilde{b}_1 \\ &= (\tilde{w}_{1,1}w_{1,1} + \tilde{w}_{1,2}w_{2,1})x_1 + (\tilde{w}_{1,1}w_{1,2} + \tilde{w}_{1,2}w_{2,2})x_2 \\ &\quad + \tilde{w}_{1,1}b_1 + \tilde{w}_{1,2}b_2 + \tilde{b}_1, \end{aligned}$$

$$\begin{aligned} \tilde{a}_2 &= \tilde{w}_{2,1}(w_{1,1}x_1 + w_{1,2}x_2 + b_1) + \tilde{w}_{2,2}(w_{2,1}x_1 + w_{2,2}x_2 + b_2) + \tilde{b}_2 \\ &= (\tilde{w}_{2,1}w_{1,1} + \tilde{w}_{2,2}w_{2,1})x_1 + (\tilde{w}_{2,1}w_{1,2} + \tilde{w}_{2,2}w_{2,2})x_2 \\ &\quad + \tilde{w}_{2,1}b_1 + \tilde{w}_{2,2}b_2 + \tilde{b}_2 \end{aligned}$$

が得られる．次のように新しいウェイト

$$\begin{aligned} \omega_{1,1} &:= \tilde{w}_{1,1}w_{1,1} + \tilde{w}_{1,2}w_{2,1}, \\ \omega_{1,2} &:= \tilde{w}_{1,1}w_{1,2} + \tilde{w}_{1,2}w_{2,2}, \\ \omega_{2,1} &:= \tilde{w}_{2,1}w_{1,1} + \tilde{w}_{2,2}w_{2,1}, \\ \omega_{2,2} &:= \tilde{w}_{2,1}w_{1,2} + \tilde{w}_{2,2}w_{2,2} \end{aligned}$$

とバイアス

$$\begin{aligned} \beta_1 &:= \tilde{w}_{1,1}b_1 + \tilde{w}_{1,2}b_2 + \tilde{b}_1, \\ \beta_2 &:= \tilde{w}_{2,1}b_1 + \tilde{w}_{2,2}b_2 + \tilde{b}_2 \end{aligned}$$

を導入すれば，次式を得る．

$$\begin{cases} \tilde{a}_1 = \omega_{1,1}x_1 + \omega_{1,2}x_2 + \beta_1, \\ \tilde{a}_2 = \omega_{2,1}x_1 + \omega_{2,2}x_2 + \beta_2. \end{cases}$$

　こうしてみるとやはり直線のかたちである．したがって，ウェイトを掛けてバイアスを加えるより他の操作をしないと式のかたちは変わらず，近似できる関数も直線のみで限定的なものになる．

それに対して，単位ステップ関数，シグモイド関数やReLU関数はすべて直線とは異なり，新しい関数のかたちを取り込むことに寄与する．

3－2－6　損失関数や評価関数

ニューラルネットワークにおける教師あり学習の代表的なものとして予測値と正解との乖離度合いが最小となるようにパラメータ（ウェイトやバイアス）を決定することがよく行われる．この乖離度合いは正解に対する予測の情報損失と考えられることから「損失」やLossと呼ばれる．予測$\hat{y}[m]$と正解$y[m]$のペアがM個（$m=1,2,...,M$）得られているとするとき，損失を対応させる関数は**損失関数**と呼ばれる．

以上は学習におけるパラメータ決定の話だが，学習を終えた後は予測関数の実用性に耐えうるような学習ができたかどうかの評価が必要となる．まず最終的な損失関数の大きさが判断材料になるが，データのすべてを**訓練データ**として学習に使わずに残りは**検証データ**として残しておき，検証データに対する当てはまりをみて判断することも重要である．その際に当てはまりの基準として**評価関数**と呼ばれるものが使用される．ただし評価関数にも損失関数と同じものが使われることもある．

検証データに対する評価は重要で，訓練データに対する当てはまりがよすぎる一方で他のデータに対しては当てはまりが悪いといった問題（過学習と呼ばれる）の回避につながる．過学習とは，学習したことを忠実に活用しすぎると，学習した範囲外の事象に対してはかえって間違えた判断をしてしまうことをいう．

代表的な損失関数である平均二乗誤差（Mean Squared Error）は，予測と正解の差の二乗和の平均

$$L_{\mathrm{MSE}} := \frac{1}{M} \sum_{m=1}^{M} (\hat{y}[m] - y[m])^2$$

として定義される（この関数の1/2倍を使用することも多い）．微分可能なので後に述べる誤差逆伝播法における利点があるが，二乗しているため，あるmに対して$\hat{y}[m]-y[m]$が他のmに対するそれと大きく乖離するような事

態に該当する（外れ値の発生）とその影響を受けやすい.

　評価関数としては損失関数と同じ平均二乗誤差も用いられるが，平均絶対誤差（Mean Absolute Error）と呼ばれるものも使用される．予測と正解の差の絶対値の平均

$$L_{\mathrm{MAE}} := \frac{1}{M} \sum_{m=1}^{M} |\hat{y}[m] - y[m]|$$

として定義される．平均二乗誤差のように二乗していないので外れ値の問題は緩和される．平均二乗誤差と違って微分可能でないが，学習を終えた後の評価関数なので誤差逆伝播法に影響を与えない．

3 − 3

ニューラルネットワークの設定

　予測対象の目的となる関数を本節では f と書く．関数 f の具体例としては
デリバティブの時価などがあげられるが，一般にほとんどの関数を想定して
よい（金融機関の実務で登場するほとんどすべての関数に適用可能なことは数学
的に証明されている）．関数 f を機械学習することでよりシンプルで計算量が
少なく短時間で計算可能な関数（以下 $\hat{f}$ で表し，予測関数と呼ぶ）で代替する
方法を説明する（図 3 −12）．

図 3 −12　目的

```
┌─────────────┐              ┌─────────────┐
│ 関数 f の高コストな │  関数 f を   │ 予測関数 f̂ の低コ │
│ 計算が高頻度で必要 │  ➡ 学習    │ ストな計算で代用 │
└─────────────┘              └─────────────┘
```

　ニューラルネットワークのニューロン（以下ではノードともいう）は入力
層，中間層（隠れ層とも呼ばれる），出力層と呼ばれる層に分けられる．中
間層は複数あってもよく，その場合は深層学習と呼ばれる（図 3 −13）．

図 3 −13　ニューラルネットワーク（中間層が複数）

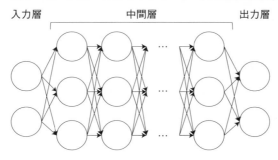

入力層　　　　　　　中間層　　　　　　　出力層

本節では入力変数が2つ，出力変数が2つ，中間層が1層のみでノード数が3つの場合を例にとって関数予測のメカニズムを説明する．たとえば満期は共通だがストライクが異なる2つのヨーロッパ型オプションを保有している場合で，入力は残存期間と原資産価格，出力は2つのストライクに対する時価のようなケースを想定してほしい．

予測対象となる関数 f は2個の実数の組であるベクトル $x = (x_1, x_2)$ としての入力に対し，あるベクトル $y = (y_1, y_2) = f(x_1, x_2) = f(x)$（記号の定義も同時に行っている）としての出力を対応させる．入力や出力は2変数としたが，ほかの場合も考え方は同じである．実際に使う場面ではもっと多くの入力や出力，中間層が2層以上（すなわち深層学習）の場合も多いと考えられるが，本質を損なわない程度にシンプルな例としてこのような設定を考えている．この場合を理解すれば入力，出力や中間層の数が多い場合もアナロジーとしてイメージできると思う．

関数 f の引数 x は入力として入力層が受け取り，中間層を経て出力層から関数の値 $y = f(x)$ の予測値 $\hat{y} = (\hat{y}_1, \hat{y}_2) = \hat{f}(x_1, x_2) = \hat{f}(x)$ が出力されると考える．図3−14で示したような小さい円で示した個々のノードはニューロンを表し，ノードを矢印で結んだかたちでニューラルネットワークは表現され

図3−14　ニューラルネットワーク（中間層が1つ）

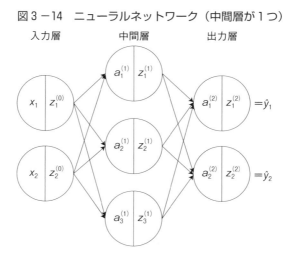

る．矢印の向きが常に入力層から出力層に（図では左から右へ）向かっているので，順伝播型ニューラルネットワーク（Feedforward Neural Network）と呼ばれるものである．

　図におけるノードの左右の仕切りに関して，1つ前の層の各ノードの右側にウェイトを掛けて足し合わせてバイアスを加えたもの $a_i^{(j)}$（ただし，入力層については入力そのもの）を左側に記載し，活性化関数を作用させて「反応」に換算したもの $z_i^{(j)}$ を右側に記載している．

【入力層（第 0 層）】入力 $x = (x_1, x_2)$ はそのまま $z^{(0)} = (z_1^{(0)}, z_2^{(0)})$ として次の層に伝えられる．

$$z_1^{(0)} = x_1, z_2^{(0)} = x_2. \tag{3-1}$$

【中間層（第 1 層）】前の層の結果である $z^{(0)} = (z_1^{(0)}, z_2^{(0)})$ にウェイト付けした和にバイアス項 $b_i^{(1)}$ を加えて得られた $a_i^{(1)}$ になんらかの活性化関数 $\sigma^{(1)}$ を作用させて得られた $z^{(1)} = (z_1^{(1)}, z_2^{(1)}, z_3^{(1)})$ が次の層に伝えられる．

$$a_i^{(1)} = w_{i,1}^{(1)} z_1^{(0)} + w_{i,2}^{(1)} z_2^{(0)} + b_i^{(1)}, i = 1, 2, 3. \tag{3-2}$$

$$z_i^{(1)} = \sigma^{(1)}(a_i^{(1)}), i = 1, 2, 3. \tag{3-3}$$

【出力層（第 2 層）】前の層の結果である $z^{(1)} = (z_1^{(1)}, z_2^{(1)}, z_3^{(1)})$ にウェイト付けした和にバイアス項 $b_i^{(2)}$ を加えて得られた $a_i^{(2)}$ に活性化関数 $\sigma^{(2)}$（第 1 層とは同じでも異なっていてもよい）を作用させて得られた $z^{(2)} = (z_1^{(2)}, z_2^{(2)})$ がそのまま出力 $\hat{y}_i$ となる．

$$a_i^{(2)} = w_{i,1}^{(2)} z_1^{(1)} + w_{i,2}^{(2)} z_2^{(1)} + w_{i,3}^{(2)} z_3^{(1)} + b_i^{(2)}, i = 1, 2. \tag{3-4}$$

$$z_i^{(2)} = \sigma^{(2)}(a_i^{(2)}), i = 1, 2. \tag{3-5}$$

$$\hat{y}_i = z_i^{(2)}, i = 1, 2. \tag{3-6}$$

ここまでで述べた計算過程をより見やすく整理するためベクトルで書くと

表 3 - 8　入力から出力までの変換の流れ

#	処理	変換式
1	入力を入力層へ渡す	$\begin{pmatrix} x_1 \\ x_2 \end{pmatrix} \mapsto \begin{pmatrix} z_1^{(0)} \\ z_2^{(0)} \end{pmatrix} = \begin{pmatrix} x_1 \\ x_2 \end{pmatrix}$
2	中間層の処理 1	$\begin{pmatrix} z_1^{(0)} \\ z_2^{(0)} \end{pmatrix} \mapsto \begin{pmatrix} a_1^{(1)} \\ a_2^{(1)} \\ a_3^{(1)} \end{pmatrix} = \begin{pmatrix} w_{1.1}^{(1)} z_1^{(0)} + w_{1.2}^{(1)} z_2^{(0)} + b_1^{(1)} \\ w_{2.1}^{(1)} z_1^{(0)} + w_{2.2}^{(1)} z_2^{(0)} + b_2^{(1)} \\ w_{3.1}^{(1)} z_1^{(0)} + w_{3.2}^{(1)} z_2^{(0)} + b_3^{(1)} \end{pmatrix}$
3	中間層の処理 2	$\begin{pmatrix} a_1^{(1)} \\ a_2^{(1)} \\ a_3^{(1)} \end{pmatrix} \mapsto \begin{pmatrix} z_1^{(1)} \\ z_2^{(1)} \\ z_3^{(1)} \end{pmatrix} = \begin{pmatrix} \sigma^{(1)}(a_1^{(1)}) \\ \sigma^{(1)}(a_2^{(1)}) \\ \sigma^{(1)}(a_3^{(1)}) \end{pmatrix}$
4	出力層の処理 1	$\begin{pmatrix} z_1^{(1)} \\ z_2^{(1)} \\ z_3^{(1)} \end{pmatrix} \mapsto \begin{pmatrix} a_1^{(2)} \\ a_2^{(2)} \end{pmatrix} = \begin{pmatrix} w_{1.1}^{(2)} z_1^{(1)} + w_{1.2}^{(2)} z_2^{(1)} + w_{1.3}^{(2)} z_3^{(1)} + b_1^{(2)} \\ w_{2.1}^{(2)} z_1^{(1)} + w_{2.2}^{(2)} z_2^{(1)} + w_{2.3}^{(2)} z_3^{(1)} + b_2^{(2)} \end{pmatrix}$
5	出力層の処理 2	$\begin{pmatrix} a_1^{(2)} \\ a_2^{(2)} \end{pmatrix} \mapsto \begin{pmatrix} z_1^{(2)} \\ z_2^{(2)} \end{pmatrix} = \begin{pmatrix} \sigma^{(2)}(a_1^{(2)}) \\ \sigma^{(2)}(a_2^{(2)}) \end{pmatrix}$
6	出力層が出力を返す	$\begin{pmatrix} z_1^{(2)} \\ z_2^{(2)} \end{pmatrix} \mapsto \begin{pmatrix} \hat{y}_1 \\ \hat{y}_2 \end{pmatrix} = \begin{pmatrix} z_1^{(2)} \\ z_2^{(2)} \end{pmatrix}$

表 3 - 8 のようになる.

　入力 $x = (x_1, x_2)$（このように書いたとき，本当は表 3 - 8 のように縦ベクトルを想定しているが誤解のおそれがないので区別せず記述する）に対して上記のようにして計算される $\hat{y} = (\hat{y}_1, \hat{y}_2)$ を対応させる関数が予測関数の候補となる．予測関数はウェイトとバイアスからなる未知のパラメータを含むので，予測関数を使用するためにはこれらのパラメータを決める必要がある．

3－4

ニューラルネットワークの学習

　ウェイトとバイアスからなるパラメータの決定方法にはいくつかあるが，ここでは代表的かつシンプルな方法を紹介する．

　この例における未知のパラメータは，ウェイトとバイアスからなる17個の組合せ

$$
\begin{aligned}
\theta &= (\theta_1, \ldots, \theta_{17}) \\
&= (w_{1,1}^{(1)}, w_{1,2}^{(1)}, b_1^{(1)}, w_{2,1}^{(1)}, w_{2,2}^{(1)}, b_2^{(1)}, w_{3,1}^{(1)}, w_{3,2}^{(1)}, \\
&\quad\ b_3^{(1)}, w_{1,1}^{(2)}, w_{1,2}^{(2)}, w_{1,3}^{(2)}, b_1^{(2)}, w_{2,1}^{(2)}, w_{2,2}^{(2)}, w_{2,3}^{(2)}, b_2^{(2)})
\end{aligned}
$$

である．

　未知パラメータ θ を決定するため，学習対象のデータ（訓練データや学習データと呼ばれる）を用意する．ここでの訓練データは入力 x と正解の出力 y のペアの集まり $\{(x[m], y[m]); 1 \leq m \leq M\}$ として定義され，総数は M 個とする．

　前述のとおり，入力 $x[m]$ に対する予測 $\hat{y}[m] = \hat{f}(x[m])$ と正解 $y[m] = f(x[m])$ のペアに損失（予測と正解の乖離度合い）を対応させる関数は損失関数と呼ばれる．ここでは損失関数として予測と正解の差の二乗和の平均である平均二乗誤差

$$
L = L(\theta) = \frac{1}{2M} \sum_{m=1}^{M} \{(\hat{y}_1[m] - y_1[m])^2 + (\hat{y}_2[m] - y_2[m])^2\}
$$

を用いる（2 で割ることで一部の計算が見やすくなる）．出力が 2 変数であるため，予測と正解の差はそれぞれの成分を足すかたちとなる．

　予測関数 $\hat{f}$ はパラメータ θ に依存するので，予測もパラメータ θ に依存す

るので次のように書ける.

$$(\hat{y}_1[m], \hat{y}_2[m]) = \hat{f}(x_1[m], x_2[m]) \equiv \hat{f}_\theta(x_1[m], x_2[m])$$

(最右辺を左側の式で定義). この予測を含んだ損失関数もパラメータ θ に依存する.

さまざまな記号が登場したので整理すると表3－9, 3－10のようになる.

表3－9　入力と正解から訓練データの生成

データ番号	入力	正解	訓練データ（学習データ）
1	$x[1] = \begin{pmatrix} x_1[1] \\ x_2[1] \end{pmatrix}$	$y[1] = \begin{pmatrix} y_1[1] \\ y_2[1] \end{pmatrix} = f(x[1])$	$(x[1], f(x[1]))$
$\vdots$	$\vdots$	$\vdots$	$\vdots$
m	$x[m] = \begin{pmatrix} x_1[m] \\ x_2[m] \end{pmatrix}$	$y[m] = \begin{pmatrix} y_1[m] \\ y_2[m] \end{pmatrix} = f(x[m])$	$(x[m], f(x[m]))$
$\vdots$	$\vdots$	$\vdots$	$\vdots$
M	$x[M] = \begin{pmatrix} x_1[M] \\ x_2[M] \end{pmatrix}$	$y[M] = \begin{pmatrix} y_1[M] \\ y_2[M] \end{pmatrix} = f(x[M])$	$(x[M], f(x[M]))$

パラメータ θ への依存をより明確にして書くと損失関数は,

$$L(\theta) = \frac{1}{2M} \sum_{m=1}^{M} \| \hat{f}_\theta(x[m]) - f(x[m]) \|^2$$

のようになる. ただし, 2次元ベクトル (u, v) に対するノルム $\|(u, v)\|$ $= \sqrt{u^2 + v^2}$ を用いた. この $L(\theta)$ が最小になるようにパラメータ θ を求めるのが目標である. このようになんらかの関数を最小化する問題は最小化問題と呼ばれ, 最大化問題とあわせて最適化問題と呼ばれる. ニューラルネットワークにおける最小化問題の解法にもさまざまなものが知られている.

最小化といわれてまず思いつくのは損失関数 $L(\theta)$ の微分係数をゼロベクトル

表3－10　正解と予測の差

データ番号	予測	予測と正解の差
1	$\hat{y}[1] = \begin{pmatrix} \hat{y}_1[1] \\ \hat{y}_2[1] \end{pmatrix} = \hat{f}_\theta(x[1])$	$\hat{y}[1] - y[1] = \begin{pmatrix} \hat{y}_1[1] - y_1[1] \\ \hat{y}_2[1] - y_2[1] \end{pmatrix}$ $= \hat{f}_\theta(x[1]) - f(x[1])$
$\vdots$	$\vdots$	$\vdots$
m	$\hat{y}[m] = \begin{pmatrix} \hat{y}_1[m] \\ \hat{y}_2[m] \end{pmatrix} = \hat{f}_\theta(x[m])$	$\hat{y}[m] - y[m] = \begin{pmatrix} \hat{y}_1[m] - y_1[m] \\ \hat{y}_2[m] - y_2[m] \end{pmatrix}$ $= \hat{f}_\theta(x[m]) - f(x[m])$
$\vdots$	$\vdots$	$\vdots$
M	$\hat{y}[M] = \begin{pmatrix} \hat{y}_1[M] \\ \hat{y}_2[M] \end{pmatrix} = \hat{f}_\theta(x[M])$	$\hat{y}[M] - y[M] = \begin{pmatrix} \hat{y}_1[M] - y_1[M] \\ \hat{y}_2[M] - y_2[M] \end{pmatrix}$ $= \hat{f}_\theta(x[M]) - f(x[M])$

$$L'(\theta) = \left(\frac{\partial L}{\partial \theta_1}(\theta), \dots, \frac{\partial L}{\partial \theta_{17}}(\theta) \right) = (0, \dots, 0),$$

すなわち,

$$\frac{\partial L}{\partial \theta_k}(\theta) = 0, \quad k = 1, \dots, 17$$

とするような θ を求め, L を最小にするような θ の候補とする方法である.
このような θ を解くための方法の1つとして以下のようなものがある.

　パラメータ θ の候補の列 $\theta_0, \theta_1, \cdots$ を以下に述べるアルゴリズムで帰納的に
定義し, アルゴリズムを抜け出したときの最終的な θ_K を最小化問題の答えと
する. すなわちこの θ_K に対する $\hat{f} = \hat{f}_{\theta_K}$ を求めるべき推測関数とみなす.

【未知パラメータの決定アルゴリズム】
〈ステップ1〉　パラメータの初期値 θ_0（ここでは17個）の各成分を, たとえ
　　ば, 区間 $[-1, 1]$ 上の任意の数として与える（ほかにもいろいろな与え方が
　　ある）. たとえば一様分布に従う疑似乱数などにより与える（たまたま0に

完全に一致することはほとんどないが，もしあれば0は除く）．あまり大きすぎる値が初期値に設定されると，アルゴリズムの収束性の悪さにつながる場合があるが，このように区間を限定しておけば安全性が増す．また，大きすぎなくてもたとえば同じ値をすべてのノードのウェイトに割り振るといったこともパラメータ決定に不具合が出ることが知られている．

〈ステップ2〉 第$k-1$で得られたパラメータθ_{k-1}に対して，パラメータθ_kを次式で計算する．

$$\theta_k = \theta_{k-1} - \eta L'(\theta_{k-1})^T.$$

ただし，Tはベクトルの転置を表し，ηは学習率と呼ばれる正の実数の定数である．

〈ステップ3〉 微分係数$L'(\theta)$がゼロベクトルに近いかどうか判定し，近いと判定されればそのステップ終了するが，近いと判定されなければステップ2に戻る．

直感的な意味は以下のとおり．ステップ2に関して，パラメータθ_{k-1}が決まったとき，損失関数を小さくしたいので変化$L(\theta_k) - L(\theta_{k-1})$をできるだけマイナス方向に大きくするように$\theta_k$を選びたい．微分係数の定義から近似的に，

$$L(\theta_k) - L(\theta_{k-1}) \approx L'(\theta_{k-1})(\theta_k - \theta_{k-1})$$

が成り立ち，右辺はベクトル$L'(\theta_{k-1})^T$とベクトル$\theta_k - \theta_{k-1}$の内積であるので，$\theta_k - \theta_{k-1}$の長さをある大きさに固定したとき両ベクトルが互いに逆向き

$$\theta_k - \theta_{k-1} = -L'(\theta_{k-1})^T$$

になれば最小になる．

このことを理解するため，たとえばベクトル$(1,0)^T$を所与としたとき，ベクトル$(u,v)^T$との内積を，$(u,v)^T$の長さ1（$\|(u,v)^T\| = \sqrt{u^2 + v^2} = 1$）のもとで最小化する問題を考える（図3−15）．内積は，

$$\left\langle \begin{pmatrix} u \\ v \end{pmatrix}, \begin{pmatrix} 1 \\ 0 \end{pmatrix} \right\rangle = u \times 1 + v \times 0 = u$$

と計算され，$\sqrt{u^2+v^2}=1$からuは区間$[-1,1]$の任意の実数を取りうることになるので，$u=-1$の場合に内積は最小値-1をとる．$u=-1$の場合，関係式から$v=0$となるので，この最小化問題の解は$(u,v)^T=(-1,0)^T$となり，たしかに最初に与えたベクトル$(1,0)^T$の逆向きである．

図3-15　ベクトルの内積の最小化

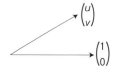

図3-16　ベクトル$\theta_k-\theta_{k-1}$の向きの選択

　このような考察から，ステップ2のようにθ_kを選べばよいことになる（図3-16）．学習率ηがかかっているが，これはθ_kとθ_{k-1}の差，すなわち更新インパクトを調整するための定数である．学習率が小さすぎるとパラメータの変化が少なく解への収束に時間がかかることになり，局所解に近づきやすい．逆に大きすぎると早く解に近づくかもしれないが，解を飛び越えてしまってなかなか解にたどり着かないことが起こりうる．予測したい対象の関数に応じた試行錯誤による調整が必要となる．たとえば，図3-17の最小化問題の解は横軸の目盛が5.0と7.5の間にあるが，目盛が-7.5と-5.0の間の局所解にはまってしまう場合を気にしている．

　ステップ3に関しては，パラメータの更新を重ねて損失関数が最小値に近づいたとき，さらに更新を重ねてももはやそれほど損失関数は減らないものと解釈してほしい．

　ここで述べた手法は，最も勾配の強い方向に下っていくイメージなので，勾配降下法と呼ばれる．

図 3 −17　局所解

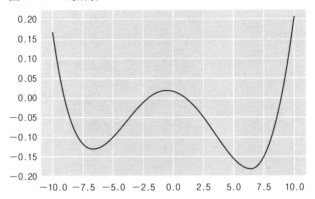

3 − 5

誤差逆伝播法

　未知パラメータの決定アルゴリズムを実施するためには微分係数$L'(\theta)$，すなわちウェイトやバイアスによる損失関数の偏微分係数が必要となるので，効率的な計算方法を次に紹介する．

　誤差逆伝播法（バックプロパゲーション）は損失関数の未知パラメータθ_kに関する偏微分係数$\partial L/\partial \theta_k$を効率的に計算することを可能にする．

　損失関数はニューラルネットワークの出力$(\hat{y}_1, \hat{y}_2)$の関数であり，ニューラルネットワークの左から右への伝播構造を考えると，損失関数は出力の左側に位置する$(a_1^{(2)}, a_2^{(2)})$の関数でもある．そして損失関数はさらに左側に位置する$(a_1^{(1)}, a_2^{(1)}, a_3^{(1)})$の関数でもある．したがって以下のような偏微分係数に着目する．

$$\delta_i^{(2)} = \frac{\partial L}{\partial a_i^{(2)}}, i = 1, 2,$$

$$\delta_i^{(1)} = \frac{\partial L}{\partial a_i^{(1)}}, i = 1, 2, 3.$$

先の式変形を振り返ると$a_i^{(1)}$の影響がLに伝播していくようすは，

$$a_i^{(1)} \mapsto z_i^{(1)} \mapsto \begin{pmatrix} a_1^{(2)} \\ a_2^{(2)} \end{pmatrix} \mapsto L$$

のようになるので，次のように計算できる．

$$\delta_i^{(1)} = \frac{\partial L}{\partial a_i^{(1)}} = \sum_{j=1}^{2} \frac{\partial L}{\partial a_j^{(2)}} \frac{\partial a_j^{(2)}}{\partial a_i^{(1)}}$$

$$= \sum_{j=1}^{2} \frac{\partial L}{\partial a_j^{(2)}} \frac{\partial a_j^{(2)}}{\partial z_i^{(1)}} \frac{\partial z_i^{(1)}}{\partial a_i^{(1)}}$$

$$= \sum_{j=1}^{2} \delta_j^{(2)} w_{j,i}^{(2)} \left(\sigma^{(1)}\right)' \left(a_i^{(1)}\right), i = 1, \ldots, 3.$$

（記号 $\left(\sigma^{(1)}\right)' \left(a_i^{(1)}\right)$ は，関数 $a \mapsto \sigma^{(1)}(a)$（$a$ は一般的な変数）の導関数 $a \mapsto \left(\sigma^{(1)}\right)'(a)$ を考えたとき，導関数の $a = a_i^{(1)}$ における値を表す．なお，説明を簡単にするためすべての活性化関数は微分可能としている．）

したがって $\delta_i^{(2)}, i = 1, 2$ がわかればそれを利用して $\delta_i^{(1)}, i = 1, 2, 3$ がわかる．損失関数の微分係数の情報が，出力層から入力層に向かうので，誤差逆伝播法と呼ばれる．

以上で求めた $\delta_i^{(2)}$ と $\delta_i^{(1)}$ を用いれば，われわれの目的である損失関数 L の

$$\theta = (w_{1,1}^{(1)}, w_{1,2}^{(1)}, b_1^{(1)}, w_{2,1}^{(1)}, w_{2,2}^{(1)}, b_2^{(1)}, w_{3,1}^{(1)}, w_{3,2}^{(1)}, b_3^{(1)},$$
$$w_{1,1}^{(2)}, w_{1,2}^{(2)}, w_{1,3}^{(2)}, b_1^{(2)}, w_{2,1}^{(2)}, w_{2,2}^{(2)}, w_{2,3}^{(2)}, b_2^{(2)})^T$$

(3−7)

に関する偏微分係数が以下のとおり得られる（導出は次節の付録参照）．

【第2層のウェイトとバイアスに関する偏微分係数】

(3−8)

$$\frac{\partial L}{\partial w_{i,j}^{(2)}} = \frac{\partial L}{\partial a_i^{(2)}} \frac{\partial a_i^{(2)}}{\partial w_{i,j}^{(2)}} = \delta_i^{(2)} z_j^{(1)}, i = 1, 2, j = 1, \ldots, 3.$$

$$\frac{\partial L}{\partial b_i^{(2)}} = \frac{\partial L}{\partial a_i^{(2)}} \frac{\partial a_i^{(2)}}{\partial b_i^{(2)}} = \delta_i^{(2)}, i = 1, 2.$$

(3−9)

【第1層のウェイトとバイアスに関する偏微分係数】

(3−10)

$$\frac{\partial L}{\partial w_{i,j}^{(1)}} = \frac{\partial L}{\partial a_i^{(1)}} \frac{\partial a_i^{(1)}}{\partial w_{i,j}^{(1)}} = \delta_i^{(1)} z_j^{(0)}, i = 1, 2, 3, j = 1, 2.$$

$$\frac{\partial L}{\partial b_i^{(1)}} = \frac{\partial L}{\partial a_i^{(1)}} \frac{\partial a_i^{(1)}}{\partial b_i^{(1)}} = \delta_i^{(1)}, i = 1, 2, 3.$$

以上のことから実際に微分係数を計算するのは $\delta_i^{(j)}$ のみで，これらの四則演算で未知パラメータ θ_k に関する偏微分係数 $\partial L / \partial \theta_k$ はすべて求められる．

3 − 6

【付録】 誤差逆伝播法における第2層の偏微分係数の導出

本節は式の導出をするだけなので読み飛ばしても本書のストーリーの理解に支障はない. 合成関数の偏微分公式を利用する. パラメータ

$$\theta_k \in \{w_{1,1}^{(2)}, w_{1,2}^{(2)}, w_{1,3}^{(2)}, b_1^{(2)}, w_{2,1}^{(2)}, w_{2,2}^{(2)}, w_{2,3}^{(2)}, b_2^{(2)}\}$$

に関する影響の伝播

$$\theta_k \mapsto (a_1^{(2)}, a_2^{(2)}) \mapsto L$$

に着目して合成関数の微分法を適用すると連鎖律と呼ばれる以下が成立.

$$\frac{\partial L}{\partial \theta_k} = \frac{\partial L}{\partial a_1^{(2)}} \frac{\partial a_1^{(2)}}{\partial \theta_k} + \frac{\partial L}{\partial a_2^{(2)}} \frac{\partial a_2^{(2)}}{\partial \theta_k}. \tag{3−11}$$

3 − 6 − 1 　第2層のウェイトに関する偏微分係数の導出

連鎖律 (3−11) を $\theta_k = w_{i,j}^{(2)}$, $i = 1, 2$, $j = 1, 2, 3$ に対して適用すると,

$$\frac{\partial L}{\partial w_{i,j}^{(2)}} = \frac{\partial L}{\partial a_1^{(2)}} \frac{\partial a_1^{(2)}}{\partial w_{i,j}^{(2)}} + \frac{\partial L}{\partial a_2^{(2)}} \frac{\partial a_2^{(2)}}{\partial w_{i,j}^{(2)}}$$

$$= \frac{\partial L}{\partial a_1^{(2)}} \frac{\partial}{\partial w_{i,j}^{(2)}} [w_{1,1}^{(2)} z_1^{(1)} + w_{1,2}^{(2)} z_2^{(1)} + w_{1,3}^{(2)} z_3^{(1)} + b_1^{(2)}]$$

$$+ \frac{\partial L}{\partial a_2^{(2)}} \frac{\partial}{\partial w_{i,j}^{(2)}} [w_{2,1}^{(2)} z_1^{(1)} + w_{2,2}^{(2)} z_2^{(1)} + w_{2,3}^{(2)} z_3^{(1)} + b_2^{(2)}].$$

たとえば $i = 1$ に対しては,

$$\frac{\partial}{\partial w_{1,j}^{(2)}} [w_{2,1}^{(2)} z_1^{(1)} + w_{2,2}^{(2)} z_2^{(1)} + w_{2,3}^{(2)} z_3^{(1)} + b_2^{(2)}] = 0$$

であるから,

$$\frac{\partial L}{\partial a_1^{(2)}} \frac{\partial}{\partial w_{1,j}^{(2)}} [w_{1,1}^{(2)} z_1^{(1)} + w_{1,2}^{(2)} z_2^{(1)} + w_{1,3}^{(2)} z_3^{(1)} + b_1^{(2)}]$$

のみが残ることなどに着目すると，

$$\frac{\partial L}{\partial w_{i,j}^{(2)}} = \frac{\partial L}{\partial a_i^{(2)}} \frac{\partial}{\partial w_{i,j}^{(2)}} [w_{i,1}^{(2)} z_1^{(1)} + w_{i,2}^{(2)} z_2^{(1)} + w_{i,3}^{(2)} z_3^{(1)} + b_i^{(2)}]$$

$$= \frac{\partial L}{\partial a_i^{(2)}} \frac{\partial}{\partial w_{i,j}^{(2)}} [w_{i,j}^{(2)} z_j^{(1)}] = \delta_1^{(2)} z_j^{(1)}.$$

これは式（3−7）にほかならない．

3−6−2　第2層のバイアスに関する偏微分係数（3−8）の導出

さらに連鎖律（3−11）を $\theta_k = b_i^{(2)}$，$i = 1, 2$に対して適用すると，

$$\frac{\partial L}{\partial b_i^{(2)}} = \frac{\partial L}{\partial a_1^{(2)}} \frac{\partial a_1^{(2)}}{\partial b_i^{(2)}} + \frac{\partial L}{\partial a_2^{(2)}} \frac{\partial a_2^{(2)}}{\partial b_i^{(2)}}$$

$$= \frac{\partial L}{\partial a_1^{(2)}} \frac{\partial}{\partial b_i^{(2)}} [w_{1,1}^{(2)} z_1^{(1)} + w_{1,2}^{(2)} z_2^{(1)} + w_{1,3}^{(2)} z_3^{(1)} + b_1^{(2)}]$$

$$+ \frac{\partial L}{\partial a_2^{(2)}} \frac{\partial}{\partial b_i^{(2)}} [w_{2,1}^{(2)} z_1^{(1)} + w_{2,2}^{(2)} z_2^{(1)} + w_{2,3}^{(2)} z_3^{(1)} + b_2^{(2)}]$$

$$= \frac{\partial L}{\partial a_i^{(2)}} \frac{\partial}{\partial b_i^{(2)}} [w_{i,1}^{(2)} z_1^{(1)} + w_{i,2}^{(2)} z_2^{(1)} + w_{i,3}^{(2)} z_3^{(1)} + b_i^{(2)}]$$

$$= \frac{\partial L}{\partial a_i^{(2)}} \frac{\partial}{\partial b_i^{(2)}} [b_i^{(2)}] = \delta_i^{(2)}.$$

これは式（3−8）にほかならない．

3－7

【付録】誤差逆伝播法における第1層の偏微分係数の導出

本節は式の導出をするだけなので読み飛ばしても本書のストーリーの理解に支障はない.

合成関数の偏微分公式を利用する. パラメータ

$$\theta_k \in \{w_{1,1}^{(1)}, w_{1,2}^{(1)}, b_1^{(1)}, w_{2,1}^{(1)}, w_{2,2}^{(1)}, b_2^{(1)}, w_{3,1}^{(1)}, w_{3,2}^{(1)}, b_3^{(1)}\}$$

に関する影響の伝播

$$\theta_k \mapsto (a_1^{(1)}, a_2^{(1)}, a_3^{(1)}) \mapsto L$$

に着目して合成関数の微分法を適用すると連鎖律と呼ばれる以下が成立.

$$\frac{\partial L}{\partial \theta_k} = \frac{\partial L}{\partial a_1^{(1)}} \frac{\partial a_1^{(1)}}{\partial \theta_k} + \frac{\partial L}{\partial a_2^{(1)}} \frac{\partial a_2^{(1)}}{\partial \theta_k} + \frac{\partial L}{\partial a_3^{(1)}} \frac{\partial a_3^{(1)}}{\partial \theta_k^{(2)}}. \tag{3-12}$$

3－7－1 第1層のウェイトに関する偏微分係数（3－9）の導出

連鎖律（3－12）を $\theta_k = w_{i,j}^{(1)}$, $i = 1, 2, 3$, $j = 1, 2$ に対して適用すると,

$$\frac{\partial L}{\partial w_{i,j}^{(1)}} = \frac{\partial L}{\partial a_1^{(1)}} \frac{\partial a_1^{(1)}}{\partial w_{i,j}^{(1)}} + \frac{\partial L}{\partial a_2^{(1)}} \frac{\partial a_2^{(1)}}{\partial w_{i,j}^{(1)}} + \frac{\partial L}{\partial a_3^{(1)}} \frac{\partial a_3^{(1)}}{\partial w_{i,j}^{(1)}}$$

$$= \frac{\partial L}{\partial a_1^{(1)}} \frac{\partial}{\partial w_{i,j}^{(1)}} [w_{1,1}^{(1)} z_1^{(0)} + w_{1,2}^{(1)} z_2^{(0)} + b_1^{(1)}]$$

$$+ \frac{\partial L}{\partial a_2^{(1)}} \frac{\partial}{\partial w_{i,j}^{(1)}} [w_{2,1}^{(1)} z_1^{(0)} + w_{2,2}^{(1)} z_2^{(0)} + b_2^{(1)}]$$

$$+ \frac{\partial L}{\partial a_3^{(1)}} \frac{\partial}{\partial w_{i,j}^{(1)}} [w_{3,1}^{(1)} z_1^{(0)} + w_{3,2}^{(1)} z_2^{(0)} + b_3^{(1)}].$$

たとえば $i=1$ に対しては，

$$\frac{\partial}{\partial w_{1,j}^{(1)}}[w_{2,1}^{(1)}z_1^{(0)} + w_{2,2}^{(1)}z_2^{(0)} + b_2^{(1)}] = 0$$

であるから，

$$\frac{\partial L}{\partial a_1^{(1)}}\frac{\partial}{\partial w_{1,j}^{(1)}}[w_{1,1}^{(1)}z_1^{(0)} + w_{1,2}^{(1)}z_2^{(0)} + b_1^{(1)}]$$

のみが残ることなどに着目すると，

$$\frac{\partial L}{\partial w_{i,j}^{(1)}} = \frac{\partial L}{\partial a_i^{(1)}}\frac{\partial}{\partial w_{i,j}^{(1)}}[w_{i,1}^{(1)}z_1^{(0)} + w_{i,2}^{(1)}z_2^{(0)} + b_i^{(1)}]$$

$$= \frac{\partial L}{\partial a_i^{(1)}}\frac{\partial}{\partial w_{i,j}^{(1)}}[w_{i,j}^{(1)}z_j^{(0)}] = \delta_i^{(1)}z_j^{(0)}.$$

これは式（3−9）にほかならない．

３−７−２　第１層のバイアスに関する偏微分係数（3−10）の導出

次に連鎖律（3−12）を $\theta_k = b_i^{(1)}$，$i=1,2,3$ に対して適用すると，

$$\frac{\partial L}{\partial b_i^{(1)}} = \frac{\partial L}{\partial a_1^{(1)}}\frac{\partial a_1^{(1)}}{\partial b_i^{(1)}} + \frac{\partial L}{\partial a_2^{(1)}}\frac{\partial a_2^{(1)}}{\partial b_i^{(1)}} + \frac{\partial L}{\partial a_3^{(1)}}\frac{\partial a_3^{(1)}}{\partial b_i^{(1)}}$$

$$= \frac{\partial L}{\partial a_1^{(1)}}\frac{\partial}{\partial b_i^{(1)}}[w_{1,1}^{(1)}z_1^{(0)} + w_{1,2}^{(1)}z_2^{(0)} + b_1^{(1)}]$$

$$+ \frac{\partial L}{\partial a_2^{(1)}}\frac{\partial}{\partial b_i^{(1)}}[w_{2,1}^{(1)}z_1^{(0)} + w_{2,2}^{(1)}z_2^{(0)} + b_2^{(1)}]$$

$$+ \frac{\partial L}{\partial a_3^{(1)}}\frac{\partial}{\partial b_i^{(1)}}[w_{3,1}^{(1)}z_1^{(0)} + w_{3,2}^{(1)}z_2^{(0)} + b_3^{(1)}]$$

$$= \frac{\partial L}{\partial a_i^{(1)}}\frac{\partial L}{\partial b_i^{(1)}}[w_{i,1}^{(1)}z_1^{(0)} + w_{i,2}^{(1)}z_2^{(0)} + b_i^{(1)}]$$

$$= \frac{\partial L}{\partial a_i^{(1)}}\frac{\partial}{\partial b_i^{(1)}}[b_i^{(1)}] = \delta_i^{(1)}.$$

これは式（3−10）にほかならない．

3－8

前　処　理

入力 $x = (x_1, x_2)$ の動く範囲が大きいと，極端な値に対する当てはまりのよさが損失関数に重視されて学習における収束性が低下することがある．そのことを回避するために入力の各成分の範囲をたとえば -1 と 1 の間に収まるように変換するなどの事前処理を行うことが多く，機械学習開始前に施される処理であることから前処理と呼ばれる．たとえば次のように，入力の最小値と最大値の中点を中心に区間 $[-1, 1]$ に収まるように変換する方法がある（図 3 －18）．

$$x_i'[m] = \frac{x_i[m] - \dfrac{x_i^{\min} + x_i^{\max}}{2}}{\dfrac{x_i^{\max} - x_i^{\min}}{2}} = \frac{2x_i[m] - x_i^{\min} - x_i^{\max}}{x_i^{\max} - x_i^{\min}}, \; i = 1, 2.$$

ただし，$x_i^{\min}$ は $\{x_i[1], x_i[2], \ldots, x_i[M]\}$ の最小値，$x_i^{\max}$ はその最大値を表す．

図 3 －18　ニューラルネットワークと前処理

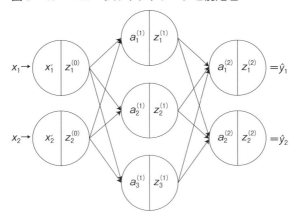

$$x_i^{\min} = \min \left\{ x_i[1], x_i[2], \ldots, x_i[M] \right\},$$
$$x_i^{\max} = \max \left\{ x_i[1], x_i[2], \ldots, x_i[M] \right\}.$$

3－9

ミニバッチ

　上記の最小化アルゴリズムにおいて，損失関数が最小値に達していないにもかかわらず微分係数がゼロベクトルに近づき，最小化アルゴリズムのステップ2でパラメータがほとんど更新されない（θ_kとθ_{k-1}がきわめて近い）ままアルゴリズムが終了してしまう懸念がある（**勾配消失問題**）．そのような現象を回避するための方法のなかにミニバッチを使う方法が知られている．

　訓練データすべてに対して学習する（上記最小化問題を解く）のではなく，ミニバッチと呼ばれる一部の訓練データを任意抽出して学習することを何度か繰り返す方法がある．微分係数$L'(\theta)$がゼロベクトルに近づいても，ミニバッチが更新されることでパラメータ更新の停滞から脱出できる可能性が出てくる．

4

時価評価への活用例

4－1

学習対象

　シンプルな商品の時価関数の学習を通して機械学習による予測のイメージを説明する.

　簡単にするため満期10年，ストライク100のヨーロッパ型コールオプション1つのみからなるポートフォリオを考える．評価時点が進むにつれて残存期間は減ることに伴い時価は減少していくようすを表したのが図4－1である．この図が得られているなら正解がわかっているようにみえるが，以下ではわからないものとして予測することにする.

図4－1　予測対象

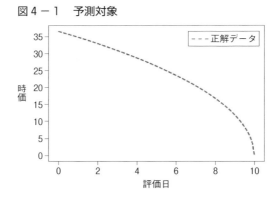

　元の時価関数を計算するのにコストがかかる場合に，機械学習により構築された予測関数で代替することで元の時価関数の計算回数を減らしたい.

　以下では入力変数の数，出力変数の数や中間層のノード数などの設定を変えた場合の損失（予測と正解の乖離度合い）をみるが，共通の設定は表4－1のとおりである.

表 4 － 1　ニューラルネットワークの共通設定

項目	内容
訓練データ数	400
ミニバッチの学習回数	300
中間層の活性化関数	ReLU
出力層の活性化関数	Linear

出力層の活性化関数で指定している Linear は，恒等関数のことである．

$$\sigma_{\text{Linear}}(x) = x.$$

4－2

入力変数が1つ，出力変数が1つの場合の
ニューラルネットワーク

　まず入力は残存期間，出力はストライク100のヨーロッパ型コールオプションの時価のみの場合を想定する．時価は日々の原資産価格にも依存するが，それについては次節に回し，まずは簡単にするため原資産価格が毎日変わらず一定の場合を考える．本節は後の章で説明する付録のソースコードMLFinance1_1.ipynbを微調整すれば実行できるので，読了後に余裕があればぜひ挑戦してほしい．

　中間層のノード（ニューロン）数が10で1層のみからなるニューラルネットワークで予測関数を構築した結果は図4－2のとおり．特に評価日が進むにつれて（満期が近づくにつれて）精度が悪化しているのがわかる．

図4－2　中間層が10ノードで1層，損失は約0.20

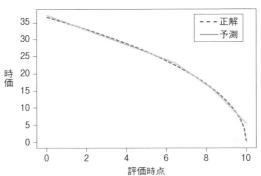

　次に中間層のノード数を200に増やし，層数は元の1層の場合に予測関数を構築した結果は図4－3のとおり．損失は減少しているが，満期付近での当てはまりの悪さは残ってしまっている．

　次に中間層のノード数を10に戻し，層数を4層に増やして予測関数を構築

図4-3 中間層が200ノードで1層，損失は約0.019

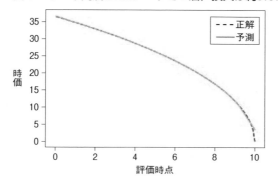

図4-4 中間層が10ノードで4層，損失は約0.0062

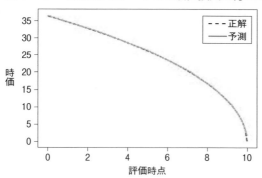

した結果は図4-4のとおり．損失は最も減っており満期付近での改善もみてとれる．

　以上の観察結果をより明確にするために，より曲率変化の激しい関数

$$y = \sin(0.4\pi x)$$

をニューラルネットワークで学習させると以下のようになる．

　まず中間層が10ノードかつ1層のみからなる場合に予測関数を構築した結果は図4-5のとおり．損失は先の時価の例より関数値の水準が小さいことを考えると相応に大きく，目視でも当てはまりの悪さが際立っている．

　中間層のノード数を200に増やしかつ1層のみからなる場合の結果は図

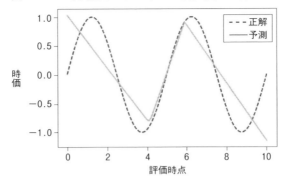

図4－5　中間層が10ノードで1層，損失は約0.14

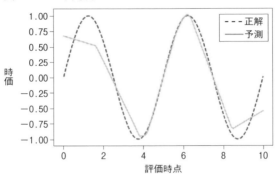

図4－6　中間層が200ノードで1層，損失は約0.047

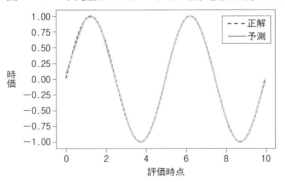

図4－7　中間層が2000ノードで1層，損失は約0.00027

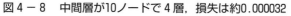

図4－8　中間層が10ノードで4層，損失は約0.000032

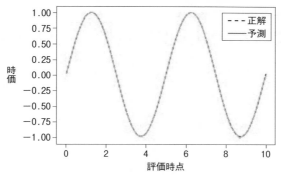

4－6のとおり．損失は少し減っているが少しの改善にとどまる．

　中間層のノード数を2000に増やしかつ1層のみからなる場合の結果は図4－7のとおり．損失が大きく改善されたが，よくみると一部当てはまりの悪い箇所がある．

　中間層のノード数は最初の10のままだが4層に増やした場合の結果は図4－8のとおり．損失が大きく減っているのに加え，目視でもかなり当てはまりがよい．

　以上のことからこの例においては，1層のままでノード数を増やしても精度は向上するが滑らかに当てはめるのはなかなかむずかしい一方で，層の数を増やすと比較的簡単に滑らかで高精度な当てはまりを実現できることがわかる．

4－3

入力変数が2つ，出力変数が1つの場合の ニューラルネットワーク

　入力は残存期間と原資産価格，出力はストライク100のヨーロッパ型コールオプションの時価のみの場合を想定する．前節と違って原資産価格が日々変動すれば時価は変わることに現実に対応している．本節は後の章で説明する付録のソースコードMLFinance2_1.ipynbを実行した結果である．

　中間層が10ノードで4層からなる場合のニューラルネットワークを構築した結果は図4－9のとおりで，損失をみても相応の当てはまりが得られている．

図4－9　中間層が10ノードで4層，損失は約0.13

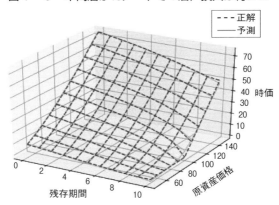

4－4

入力変数が2つ，出力変数が2つの場合のニューラルネットワーク

これまでは1つの商品の時価計算を行ってきたが，満期は共通しているがストライクが100と120の2商品同時に時価計算することを考える．本節は後

図4－10　中間層が10ノードで4層，損失は約0.11

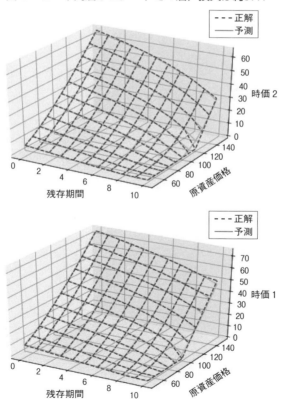

の章で説明する付録のソースコードMLFinance2_2.ipynbを実行した結果である.

　同じ満期に対して複数種類のストライクに対する時価を計算するのは，取引時などにディーラーが通常行うオペレーションである．入力は残存期間と原資産価格の2変数，出力はそれぞれのストライクに対する時価の2変数からなる．中間層10ノードで4層のニューラルネットワークを構築した．結果は図4−10のとおりで上がストライク100，下がストライク120に対するものである．損失をみても相応の当てはまりが得られている．

5

Pythonによる実装の準備

5 — 1

環境の準備

　本章では機械学習の実装において一般的によく使用されるPython言語を用いたプログラミング例を紹介する．PythonにはTensorFlowと呼ばれる機械学習に有効なプラットフォームが用意されているのも強みである．

　実行環境はGoogle社が提供するColaboratoryの利用を前提として説明する．https://colab.research.google.com/にアクセスし、メニューから「ノートブックを新規作成」をクリックするとソースコードを入力するためのノートブック（拡張子は.ipynb）が開く．

　Pythonが初めての読者は，以下に述べるコードを実際に実行してみるとPythonへのイメージが膨らむと思うので是非自分自身で試されたい．

　各セルにコマンドを書いてShift＋Enterを押すと実行できる．

```
print('Hello')
```
```
Hello
```

　灰色の四角エリアの左側は行番号，四角エリアの下側は出力結果である．なお，実行結果の下に新しいセルが自動で追加されるが，新しいセルが不要ならCtrl＋Enterとする．

　複数のコマンドを１つのセルに書き込んでShift＋Enterを押した場合は，上から順番に実行される．

　プログラミング開始時にまず行うのは，利用するライブラリの取込みや機能名の略称の設定である．

```
import numpy as np
```

```
import pandas as pd
from matplotlib import pyplot as plt
!pip install japanize-matplotlib
import japanize_matplotlib
```

　第1行では高度な数値計算を高速で行うために有効な機能が備わったライブラリNumPyをインポートして識別名npで呼ぶことを可能にしている．本書では主にアレイ（正式にはndarrayクラスのオブジェクト）と呼ばれる数の組からなるベクトルのようなデータを扱うために使用する．

　第2行ではデータフレームと呼ばれる表形式のデータを扱うためにライブラリpandasをインポートして識別名pdを与えている．

　第3行ではライブラリMatplotlib内のモジュールpyplotをインポートして識別名pltを与えている．各種グラフを描画するためのメソッド（呼び出されてなんらかの処理を行うもの）が充実している．

　第4行，第5行ではグラフの軸名などに日本語を表示可能にする機能を使用するためのライブラリをインポートしている．

5 − 2

変数の型と処理

　ここでは本書で使用するものを中心に基本的な文法を説明する.

　変数の型とはデータの種類のこと. 変数を利用するには以下のように代入を行う. 代入とは, たとえばx＝5と書けばxという「箱」に5を入れるイメージで, 等号ではないのでxが5に等しいと主張しているわけではない. 等号の成立はx＝＝5のようにと書くことになっている.

　ほかのプログラミング言語の経験者は型の宣言が気になると思うが, Pythonでは変数型を宣言しなくても代入文により自動的に型が割り振られる.

　以下のコードを書いてShift＋Enterを押すと各変数が割り当てられる.

```
# 整数型(int)
n = 30000
# 浮動小数点型(float). 少数点を付けて整数型と区別
x = 2.0
# 文字列型(str)
c = '件数'
# 論理型(bool). TrueまたはFalse
isCalv = True
# リスト型(list). 複数の値をまとめて扱える
v = [3, 4, 5]
# 辞書型(dict). キーと値のペアを要素とする
d = {'x' : 1, 'y' : 2}
```

このように#の横にはコメントを書くことができ，プログラムの実行に影響しない．

【変数の出力】関数printの引数に変数を与えるとその内容が出力される．文字列のなかに変数の値を含めるには，次のようにメソッドformatを用いる．

```
c = '件数'
n = 30000
print(n)
# 複数の値を同時に出力．第1引数と第2引数の間には自動的にスペースが入る．
print(c, n)

# 文字列の中に変数の値を含める
print('{}は{}件である'.format(c, n))
# 数字にカンマを入れる
print('{}は{:,}件である'.format(c, n))
```

```
30000
件数 30000
件数は30000件である
件数は30,000件である
```

【変数の型の確認】変数の型を返すには次のように関数typeを用いればよい．

```
n = 300
type(n)
```

```
int
```

【変数の型の変更】次のように型名を関数名にもつ関数を呼び出せばよい．

```
n = 300
print('型変更前は{}'.format(n))
n = float(n)
print('型変更後は{}'.format(n))
```

```
型変更前は300
型変更後は300.0
```

【四則演算子】　たとえば次の実行文 1 ＋ 2 を書いてShift＋Enterを押すと結果として 3 が出力される．代表的な演算をまとめると以下のようになる．べき乗の書き方が特徴的なので注意.

```
x = 5
y = 2
print('和', x + y)
print('差', x - y)
print('積', x * y)
print('商', x / y)
print('割り算の整数値', x // y)
print('割り算の余り', x % y)
print('べき乗', x ** 2)
```

```
和 7
差 3
積 10
商 2.5
割り算の整数値 2
割り算の余り 1
べき乗 25
```

【代入演算子】変数 x と y に対して，単純に x = y のように書くと x に y が代入されるが，x + y を x に代入するには以下のように簡易な書き方がある．

```
x = 5
y = 2
x += y # x = x + yと同じ
x

7
```

　ここでは和 + に対して述べたが，他の四則演算子に対しても同様に書くことができる．

【比較演算子】比較演算も書き方は直感に沿っており，結果は論理型で True または False である．

```
x = 5
y = 2
print('等号=', x == y)
print('不等号<', x < y)
print('不等号>', x > y)
print('不等号≦', x <= y)
print('不等号≧', x >= y)
print('等号不成立≠', x != y)

等号= False
不等号< False
不等号> True
不等号≦ False
不等号≧ True
等号不成立≠ True
```

【論理演算子】論理演算は「AかつB」,「AまたはB」(ただし,AかBの片方がTrueな場合だけでなく,AもBも両方ともTrueであってもTrueが出力される),「Aではない」のような判定を行った結果は論理型のTrueかFalseである.

```
x = 5
y = −2
print('かつ', (x > 0) and (y > 0))
print('または', (x > 0) or (y > 0))
print('否定', not (x == 3))
```

```
かつ False
または True
否定 True
```

【三項演算子】簡単な場合分けを1文のなかで実行できる.

```
x = 10.0
y = x if x > 0.0 else 0.0
print(y)
y = x if x > 10.0 else 0.0
print(y)
```

```
10.0
0.0
```

　三項演算子という名のとおり,変数yに代入している右辺は3つの項がifとelseで区切られている.

　以下ではしばらくリストに関する説明を行う.本書の理解だけのためには不要なものも含まれるが,リストはPythonの特徴をよく表す型であるので,説明を通してリストへの理解が深まると思うのであえて取り上げる.

【リストの要素を確認】ある値がリストの要素に含まれているかどうか確認

するには次のように行う.

```
v = [1, 4, 5]
print(5 in v)
print(2 in v)
```

```
True
False
```

値5はリストvのなかに含まれるのでコード「5 in v」でTrueが返る.値2は含まれないのでFalseが返る.

【リストの要素の抽出】リストの要素は次のようにして抽出できる.

```
v = [1, 4, 5]
v[1]
```

```
4
```

このように,リストの要素は左から順に0,1,2の順に番号がついていることに注意する.

また,第2行に関しては,関数printを使用しなくても出力したい対象を直接v[1]と書くだけで出力される(ただし出力スタイルが関数printの結果と同じとは限らない).この書き方では当該セルの最終行に書かなければ出力されないが,printメソッドはどこに書いても出力される点にも違いがある.

【リストの要素の上書き】次のように行う.

```
v = [1, 4, 5]
v[1] = 2
v
```

```
[1, 2, 5]
```

v[1] と書くことで要素の1番目が抽出され，そこに値を代入したので上書きされた．

【リストの要素数】リストの要素数は以下のように関数lenで取得できる．

```
v = [1, 4, 5]
len(v)
```

```
3
```

【リスト型への変換】型名と同じ名前の関数を使用すればよい．

```
list('finance')
```

```
['f', 'i', 'n', 'a', 'n', 'c', 'e']
```

【リストの末尾に要素を追加】メソッドappendを用いればよい．

```
v = [ ]
v.append(10)
print(v)
v.append(50)
print(v)
v.append(80)
print(v)
```

```
[10]
[10, 50]
[10, 50, 80]
```

【リストの位置を指定して追加】メソッドinsertを使えば，第1引数の要素番号の箇所の前に，第2引数の要素を追加できる．

```
v = [1, 4, 5]
v.insert(1, 100)
v
```
```
[1, 100, 4, 5]
```

【リストを連結】計算の演算子＋を用いればリスト同士を連結できる.

```
v1 = [1, 3, 5]
v2 = [2, 4, 6, 8]
v1 + v2
```
```
[1, 3, 5, 2, 4, 6, 8]
```

【リストの要素を削除】メソッドpopに削除したい要素番号を与えればよい.

```
v = [1, 3, 5, 7, 10]
v.pop(2)
v
```
```
[1, 3, 7, 10]
```

【リストの要素を各変数に割り振る】以下のように書くことで，リストの各要素を同時に抽出して変数に代入できる.

```
v = [2, 4, 6]
v0, v1, v2 = v
print('v0 = { }, v1 = { }, v2 = { }'.format(v0, v1, v2))
```
```
v0 = 2, v1 = 4, v2 = 6
```

これは以下のように書いても結果は同じである.

```
v = [2, 4, 6]
v0 = v[0]
v1 = v[1]
v2 = v[2]
print('v0 = {}, v1 = {}, v2 = {}'.format(v0, v1, v2))
```
```
v0 = 2, v1 = 4, v2 = 6
```

【リストの昇順ソート】以下のようにsortメソッドを用いれば昇順（数字は小さいものから大きいものに向かう順番）にソート可能である.

```
v = [3, 8, 4, 2, 9, 1, 7]
v.sort( )
v
```
```
[1, 2, 3, 4, 7, 8, 9]
```

アルファベットに関しても昇順ソートすることができる.

```
v = ['y', 'c', 'a', 'f']
v.sort( )
v
```
```
['a', 'c', 'f', 'y']
```

【リストの降順ソート】以下のようにreverse = Trueにすることで降順ソートも可能である.

```
v = [3, 8, 4, 2, 9, 1, 7]
v.sort(reverse=True)
v
```

```
[9, 8, 7, 4, 3, 2, 1]
```

【リストの内包表記】以下のようにあるリストから条件に合う要素だけを取り出したリストを新たにつくることでできる.

```
price = [100000, 500, 20000, 600000, 800]
price_tax = [x * 2 for x in price if x >= 10000]
print(price_tax)

[200000, 40000, 1200000]
```

【辞書の要素の参照】辞書の要素はキーを指定して次のように参照できる.

```
d = {'x' : 1, 'y' : 2}
d['x']

1
```

【辞書の要素を確認】キーが含まれるかどうかの判定は, 以下のように行える.

```
d = {'x' : 1, 'y' : 2}
'y' in d

True
```

【辞書に要素を追加】辞書に要素を追加するには次のように行う.

```
d = {'x' : 1, 'y' : 2}
d['z'] = 3
d

{'x': 1, 'y': 2, 'z': 3}
```

【辞書の要素を削除】メソッドpopを使う.

```
d = {'x' : 1, 'y' : 2}
d.pop('x')
d
```

```
{'y': 2}
```

5 ― 3

条件分岐

【if文】 次のように書くと変数xが 0 より大きければ関数printが呼び出される.

```
x = 3
if x > 0:
    print('x is positive')
```
```
x is positive
```

この例では変数xに正でない値を設定すると何も実行されないが，以下のようにelseを指定して仮定が満たされない場合の処理を書くことができる.
【if-else文】

```
x = −2
if x > 0:
    print('x is positive')
else:
    print('x is not positive')
```
```
x is not positive
```

さらにif文の仮定を複数指定するにはelifで以下のように行う.
【if-elif-…elif-else文】

```
x = 3
```

```
if x > 3:
    print('x is larger than 3')
elif x > 2:
    print('x is larger than 2')
elif x > 1:
    print('x is larger than 1')
elif x > 0:
    print('x is larger than 0')
else:
    print('x is not positive')
```

x is larger than 2

5 − 4

繰り返し処理

ある変数の値を変えながら同様の処理を複数回繰り返すには以下のように for文と呼ばれるもので行う.

```python
# リストvの要素全ての和を求める
v = [1, 2, 3]
sum = 0.0
for i in v:
  sum += i  # sum = sum + iと同じ
sum
```

```
6.0
```

for文においては一連の整数に対して処理することが多いので関数rangeがよく使用される.

```python
# range(5)は，0,1,2,3,4を表す
for i in range(5):
  print(i)
```

```
0
1
2
3
4
```

関数rangeは開始，終了，差分を指定できる．

```
for i in range(10, 50, 10): # 開始，終了，差分
  print(i)
```

```
10
20
30
40
```

【ループの中断】for文のなかにbreakと書けばそこで中断される．

```
for i in range(100):
  print(i)
  if i ** 2 > 10:
    break
```

```
0
1
2
3
4
```

ここではif文の仮定が満たされたときにbreak文を通ってfor文が中断される．

その回のループを中断して次のループへ移るにはcontinue文を使う．

```
for i in range(10):
  if i % 2 == 0: # 割り算の余りがゼロ
    continue
  print(i)
```

```
1
3
5
7
9
```

ここでは 2 で割り切れたときにif文の仮定が真となり，continue文を通って関数printを実行せずに次のループに進む．

本書では以後用いないがwhile文と呼ばれる繰り返し処理もあるので紹介する．

```
s = 0
while s < 100:
  print(s)
  s += 30
```
```
0
30
60
90
```

ここではs<100が満たされている間のみwhile以下を継続する．ここではsを 0 から始めて30ずつ増やすので，いつかは100以上となってwhile文が終了する．このように処理が終わるように書く必要があり，無限に続くことのないように注意が必要．

繰り返しが終わった後の処理をelse文で追加することもできる．

```
s = 0
while s < 100:
  print(s)
```

```
    s += 30
else:
  print('{} >= 100'.format(s))
```

```
0
30
60
90
120 >= 100
```

　while文の条件s＜100が満たされなくなったときにそのようすを関数print
で出力して完了する.

5 – 5

関　　数

【関数】関数とは，なんらかの処理を定義したものであり，入力や出力を指定した処理を行うことができる．一度定義しておくと，以後はその関数に引数を与えて呼び出すだけでその引数に対して同様の処理を行うことができる．関数を定義するための一般的な構文は次のようになる．

---

def 関数名（引数1，引数2，…）:
　　処理（出力値を作るための処理を必要に応じて）

関数の定義において，2行目以降は1行目より字下げを行うことがルール化されている．

関数の定義における処理の最後に，

---

return 出力値

と書くことにより，出力値を返すことができる．たとえば入力xに対して$y=x^2+2$を返す関数を定義し，xに3を入れて呼び出すと以下のようになる．

```
def func(x):
    return x * x + 2.0

func(3.0)
```

```
11.0
```

入力の引数はなしでもよいが，その場合にも括弧は書く．

```
def func( ):
    return 11.0

func( )
```
```
11.0
```

この関数は常に11.0しか返せないが，たとえば乱数を返す関数などは引数なしでも利用価値を感じられると思う．

また，関数の引数の並びのなかで，何も指定しなければこの値を使ってほしいといった指定ができ，デフォルト引数と呼ばれる．

```
def func(x, y = 1, z = 1):
    return x ** 2 + y ** 2 + z**2
print(func(2)) # func(2, 1, 1)と同じ
print(func(2, 3)) # func(2, 3, 1)と同じ
```
```
6
14
```

このように書くと，引数 y と z を指定しない，あるいは z だけ指定せずにデフォルトの1を使うことになる．ただし，先頭や真ん中の引数だけをデフォルト引数にしたりすることはできないので注意が必要．

5 − 6

クラス

　クラスとはフィールド（データ）とメソッド（処理の関数）をまとめたものである．フィールドとメソッドはまとめてメンバと呼ばれる．

　たとえば，ある資産価格の推移が，初期値x_0から出発して時刻tにおいて$f(t) = x_0 t^a$となるようなモデルを構築したとする．ここでaはその資産価格の増大スピードを決めるパラメータである．資産価格の時刻tに関する増大スピードに関心がありその微分係数$f'(t)$に着目している状況を考える．このとき，フィールドとしては初期値x_0とパラメータa，メソッドとしては資産価格関数$f(t)$とその微分係数$f'(t)$からなるクラスを定義すれば，このモデルを表現することができる[1]．

```
1.   class Model:
2.     # フィールド（データ）
3.     x0 = 1.0
4.     alpha = 3.0
5.     # メソッド（処理）
6.     def f(self, t):
         return self.x0 * t ** self.alpha
7.     def df(self, t):
         return self.x0 * self.alpha * t ** (self.alpha - 1)
```

1　後述のオブジェクト指向の観点からこのようなクラス設計がよいかどうかには目的に応じて別の議論が必要だが，ここではクラス機能の紹介のためこのようなクラスを定義している．

```
8.    model = Model( )
9.    print(model.x0)
10.   print(model.f(2.0))
11.   print(model.df(2.0))

1.0
8.0
12.0
```

メソッドはクラスの外で定義される関数とは異なり，使いたい引数を並べる前に第1引数には特に意識されない引数self（慣習的にこの名前を用いることになっている）を必ず入れることになっている．たとえ引数のないメソッドを定義するときも，selfだけは引数にもたせる．メソッドを呼び出すときはselfがないかのような呼び出しを行う（呼び出し側のオブジェクトを第1引数selfで受け取る処理が行われるが，特に意識する必要はない）．また，6行目でself.x0としているように，クラス内のメンバにアクセスするにはself.をつける．

クラスは1つの型であり，その型をもつ実際のフィールドやメソッドの集まりを格納している実体のことをオブジェクトという．オブジェクトはクラスの実体だけに限らずより一般的な用語だが，クラスの実体は特にインスタンスとも呼ばれる．

第8行目でオブジェクトが生成されmodelと命名されている．

データにアクセスするには第9行目のようにドットを使えばよい．

メソッドにアクセスする場合も第10，11行目のようにドットを使えばよく，関数なので括弧をつけて引数を渡している．本書は自分でクラスをつくるような内容を含んでいないが，すでに用意されている外部ライブラリのモジュールに含まれるクラスを利用するのでイメージをもっていただくために取り上げた．

オブジェクトの生成時に自動的に呼び出される特殊なメソッドを定義する

ことができ，コンストラクタと呼ばれる．コンストラクタは__init__と名前が決まっており，フィールドの初期化などを行わせることが多い．コンストラクタ内でself.ave＝aのように書いてしまえば，コンストラクタの外でaveを定義する必要はない．

```
class Model:
  def __init__(self, a, p):
    self.ave = a
    self.pow = p
  def f(self, x):
    return self.ave * x ** self.pow
  def d1f(self, x):
    return self.ave * self.pow * x ** (self.pow - 1)

mdl = Model(1.0, 3.0)
print(mdl.f(2.0))
print(mdl.d1f(2.0))
```

```
8.0
12.0
```

あるクラスを定義したとき，そのメンバ（フィールドとメソッド）を引き継いだクラスをつくることができ継承と呼ばれる．

継承される側は親クラスと呼ばれ，継承してつくられるクラスは子クラスと呼ばれる．

```
# 親クラス名を括弧内に指定
class ModelWithConst(Model):

  con = 10.0
```

```
   def f(self, x): # オーバーライド
     return self.con + self.ave * x ** self.pow

mdl = ModelWithConst(1.0, 3.0)
print(mdl.f(2.0))
print(mdl.d1f(2.0))
```
```
18.0
12.0
```

　クラスModelWithConstは親クラスModelのメンバをすべて引き継いでおり，ここではメソッド f の定義を上書きしていてオーバーライドと呼ばれる．

　クラスはオブジェクト指向と呼ばれるプログラミング手法で多用される．オブジェクト指向とは，処理内容をできるだけ細かく部品化してクラスのオブジェクトとし，それらを組み合わせてやりたいことを実行するプログラミング方式である．特に会社などの組織において大勢で協働してプログラミングするときには，他人の開発した部品を効率的に使いまわすことは重要となる．他人が開発した部品を使う際に，入力と出力のみ理解していれば中身を意識しなくても安全に使えるように設計するのが理想である．

5－7

ア　レ　イ

　アレイ型はライブラリnumpy（npと略記）に用意されているベクトルのような要素の組（必ずしも数字でなくてもよい）を表す型で，正式な型名はndarrayである．さまざまな数値計算手法などを適用するうえで便利な型である．

　変数の用意と要素の抽出は以下のように行う．

```
# 1次元のアレイをリストから生成
a = np.array([1, 2, 3, 4, 5, 6, 7, 8, 9, 10])
# 2次元のアレイをリストから生成
b = np.array([[1, 2, 3, 4, 5],
    [6, 7, 8, 9, 10]])
print('a =', a)
print('b =', b)
print('aの第0成分', a[0])
print('aの第3-5成分', a[3:6]) # 6が終了の場所だから含まれない
print('bの第0行第1列', b[0, 1])
print('bの第1行第1-2成分', b[1, 1:3])
print('行数と列数', b.shape)
```

```
a = [ 1 2 3 4 5 6 7 8 9 10]
b = [[ 1 2 3 4 5]
    [ 6 7 8 9 10]]
aの第0成分 1
aの第3-5成分 [4 5 6]
```

bの第0行第1列 2

bの第1行第1-2成分 [7 8]

行数と列数 (2, 5)

アレイの生成にはほかにもさまざまな方法がある.

```
# 開始，終了，差分
np.arange(start=10, stop=50, step=10)

array([10, 20, 30, 40])
```

```
# 第1引数を第2引数の個数並べる
np.tile(5, 3)

array([5, 5, 5])
```

```
# 0を引数の個数だけ並べる
np.zeros(3)

array([0., 0., 0.])
```

```
# 1を引数の個数だけ並べる
np.ones(3)

array([1., 1., 1.])
```

5 − 8

データフレーム

　データフレームはライブラリpandas（pdと略記）に用意されている型で，表形式のデータを表すオブジェクトを表すことができる．

　データフレームは辞書を与えて定義することができる．

```
df = pd.DataFrame({
   '身長': [160, 150, 175],
   '体重': [60, 55, 70]
})
df
```

	身長	体重
0	160	60
1	150	55
2	175	70

　データフレームはこのように，横軸（行）の番号に対応する各個人に対して，身長や体重などの項目ごとの値を縦軸（列）方向に並べた表を表す型である．この例では観測値は3つにすぎないが，一般には観測値が多く縦に長い（行が多い）構造が多い．

　上記のデータフレーム生成において，辞書のキーを列名の文字列に，辞書の値を列の要素からなるリストにしている．

　辞書の値として列の要素からなるアレイを与えてもデータフレームを定義することができる．

```
df = pd.DataFrame({
  'x1' : np.array([1, 2, 3]),
  'x2' : np.array([4, 5, 6])
})
df
```

```
   x1  x2
0  1   4
1  2   5
2  3   6
```

データフレームdfを構築してから単にdfと書くことでdfの中身が出力される（リストの要素の説明で前述のとおり）.

データフレームの先頭から行数を指定して表示するには以下のように行う.

```
df = pd.DataFrame({
  'x1' : [9, 3, 2, 8, 3, 9],
  'x2' : [3, 4, 8, 2, 1, 3],
  'x3' : [9, 3, 4, 1, 8, 2]
})
df.head(n=2)
```

```
   x1  x2  x3
0  9   3   9
1  3   4   3
```

この例では数行しかないのでありがたみが出ないが，一般の数百行を超えるような縦に長いデータフレームに対して便利である.

逆に，データフレームの最後の数行を表示することもできる.

124

```
df = pd.DataFrame({
  'x1' : [9, 3, 2, 8, 3, 9],
  'x2' : [3, 4, 8, 2, 1, 3],
  'x3' : [9, 3, 4, 1, 8, 2]
})
df.tail(n=2)
```

	x1	x2	x3
4	3	1	8
5	9	3	2

描　　画

　Phthonでさまざまな描画を行ってデータや分析結果を視覚化できるが，本書の機械学習で必要となるものに絞って解説する．

【ヒストグラム】　ライブラリmatplotlibのなかのモジュールpyplot（pltと略記）を活用できる．

```
# データxとyを用意
rnd_gen = np.random.default_rng( )
# 区間[0,1]の一様乱数を100個生成
x = rnd_gen.random(100)
# 区間[0,1]の一様乱数を20個生成
y = rnd_gen.random(20)
# ヒストグラムを描く．柱の本数をbinsで指定．
plt.hist(x, bins=5, label='x')
plt.hist(y, bins=5, label='y')
# 凡例を描く
plt.legend( )
# 表示
plt.show( )
```

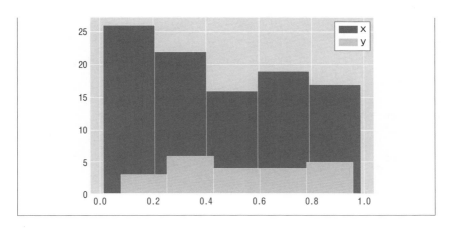

　なお，ここではデータ x と y を用意するときに乱数を生成しているが，ここではその下のヒストグラムの書き方に着目してほしい．

【プロット】ここでもモジュールpltの機能を使用する．

```
# データxを用意
x = np.arange(start=0.0, stop=10.0, step=0.1)
# プロットする
plt.plot(x, x**2)
# 横軸に名前を付ける
plt.xlabel('x')
# 縦軸に名前を付ける
plt.ylabel('y')
# 表示
plt.show( )
```

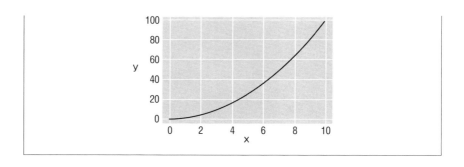

6

Pythonによる実装
──入力も出力も1変数の場合

本章では4章で述べた数値実験の内容を，5章で説明したPythonの知識を生かして実装する方法を解説する．まずは入力も出力も1変数からなり，中間層は4層からなる場合を考える．付録のソースコードMLFinance1_1.ipynbに対応する．

6 − 1

ニューラルネットワークの設定変数の準備

　ニューラルネットワークの設定変数を以下のように与える．7章や8章で述べる入力や出力の変数を2変数にする場合も同様とする．

プログラム1

```
# データ総数（訓練データと検証データ）
num = 500
# 訓練データの総数
trainNum = 400
# 検証データの総数
validationNum = 100
# ミニバッチ数 10～100
batch_size = 50
# ドロップアウト率
dropRate = 0.0
# ミニバッチに対する学習回数
epochs = 1000
# 中間層のノード数
nodeNum = 10
# 訓練／検証データ生成に使用する乱数
rnd_gen = np.random.default_rng(seed=26)
# 機械学習に使用する乱数
from tensorflow.random import set_seed
set_seed(1)
```

ここでドロップアウトは，学習してパラメータが決まったニューロンのなかから指定した割合（ドロップアウト率）に相当する個数を無効（最初から当該ニューロンがなかったものとして扱う）にして過学習を防止するものである．訓練データに対する当てはまりに対して検証データに対する当てはまりが悪い場合などにドロップアウト率を調整すればよいので参考のため明記した，本書の例では入力，出力と層数がどれも少ないこともありドロップアウト率0として簡潔に説明する．

　各種値を設定した後，今後使用する乱数のシードを設定している．シードとは，生成される乱数列を決めることができる数であり，同じシードからは同じ乱数列が得られるが，異なるシードからは一般に異なる乱数列が得られる．

　ここで同じシードを与えれば同じ乱数列が得られることからもわかるように，パソコンで生成される通常の乱数は，シードを元になんらかの数学的なアルゴリズムでつくられており，本当の意味のランダムではないので疑似乱数と呼ばれる．真の乱数でないことは残念な部分もあるが，シードを同じにすれば同じ乱数列が得られることにはメリットもある．それは計算の再現性が得られることである．計算の過程で乱数を使用する場合，入力が同じでも最終的な出力としての計算結果が計算するたびに変わっては都合が悪いことがある．たとえば計算設定を変えながら効果的な設定を見つけるために試算を繰り返す場合，毎回乱数列が変わってしまえば計算設定の変化と乱数列の変化を区別できなくなってしまう．そこでノードの数を変える前後で共通のシードを設定して乱数列を同じにすることが有効となる．本書でシードをわざわざ指定しているのはそのためである．

6 - 2

学習対象となる関数の用意

　本章では例としてヨーロッパ型コールオプションの時価を返す関数を考える．原資産のモデル（どのような分布に従うかの仮定）次第で計算量は異なるが，ここではなんらかのモデルに対応する時価関数optionPVが与えられたとする．その引数は以下とする．

・第1引数：残存期間（評価時点が取引開始日なら満期までの期間に相当）

・第2引数：評価時点における原資産価格

・第3引数：ストライク

・第4引数：評価時点における金利

・第5引数：評価時点における原資産のボラティリティ

　機械学習の対象となる目的関数targetFuncを，取引時からの経過時間の関数として表現されたヨーロッパ型コールオプションの時価とする．

プログラム2

```
# 引数xは取引開始からの経過期間
def targetFunc(x):
    # 残存期間
    rp = 10.0 - x
    # 原資産価格
    s0 = 100.0
    # ストライク
    strike = 100.0
    # 金利
    r = 0.0
```

```
# ボラティリティ
vol = 0.3
# コール型かプット型か
isCall = True
return optionPV(rp, s0, strike, r, vol)
```

　取引は満期10年，ストライク100の商品を考え，市場データは金利0.0，ボラティリティ0.3，原資産価格は100の場合を考える．引数は取引開始からの経過期間であり単位は年，たとえば3年ならx＝3.0となる．関数targetFuncの定義域は区間［0,10］である．

　本書で提供しているプログラム例のoptionPVは，スムーズに演習ができるよう計算時間がほとんどかからないロジックで実装している（第2章で説明したBlack-Scholesモデル）．実際に機械学習の対象となる事例としては，もっと計算時間がかかる例をイメージしてほしい．

6 – 3

正解データの用意

　訓練データや検証データの元となる入力と正解のペアからなる正解データをデータフレームに格納する.

プログラム3

```
def xGen(u):
# 区間[0,1]の数uを引数として受け取った前提で[0,10]の数に変換
  return 10.0 * u
```

　引数 u を10倍して返す関数xGenを定義している. 以下で区間[0,1]に一様に分布する乱数(以下, 一様乱数)を関数targetFuncの定義域[0,10]に分布するように変換するために利用する. ここでの変換はたまたま単純なので, 関数を定義せず直接10倍してもよいが, 区間[0,1]の一様乱数をほしい乱数に変換をするという概念を明確にするためにあえてこのようにした.

プログラム4

```
# 入力
x = np.zeros(num)
# 出力の正解
y = np.zeros(num)
for i in range(num):
  # 乱数で引数を生成
  x [i] = xGen(rnd_gen.random( ))
  # 正解を計算
```

```
  y[i] = targetFunc(x[i])
# 入力と出力をデータフレームに格納
df = pd.DataFrame({
  'x': x,
  'y': y
})
```

　まずは0をnum個並べたアレイで入力を表す変数xを初期化.

　さらに0をnum個並べたアレイで出力を表す変数yを初期化.

　その後for文により，乱数による引数の生成と正解の作成を繰り返している．関数range(num)は0,1,...,num−1からなる集合を返し，その範囲をiが0から順番にnum−1まで動いたときの処理をfor文で繰り返している．

　機械学習の対象となる関数targetFuncの引数は，上述のとおり区間[0,10]の数を動く．その際，学習の偏りをなくすため区間[0,10]の間に一様に（特定の数ばかりが出現しないよう）分布するように乱数を与えている．

　最後に入力と列名xのアレイxと列名yのアレイyからなるデータフレームを構築している．

6 – 4

訓練データと検証データの分離

訓練データと検証データを以下のように分離する.

プログラム5

```
# 訓練データの入力
trainIn = df[['x']].head(trainNum)
# 検証データの入力
validationIn = df[['x']].tail(validationNum)
# 訓練データの出力
trainOut = df[['y']].head(trainNum)
# 検証データの出力
validationOut = df[['y']].tail(validationNum)
```

　ここで，df[['x']]は 'x' 列のみからなるデータフレームを抽出したものである．ここで['x']は文字 'x' のみからなるリストであり，仮に 'x' と 'y' の列を含んだデータフレームを抽出したければdf[['x','y']]と書けばよい（もっとも，ここでは 'x' と 'y' しか列がないのでわざわざ抽出する意味はない）.

　前半では入力 x に関して，正解データ（num＝500個）を，前から400個を訓練データに（trainNum＝400），後から100個を検証データ（validationNum＝100個）に分けている.

　後半では出力 y に関して同様に訓練データと検証データに分けている.

データの確認

　訓練データと検証データに関して，入力 x の偏りが大きくないかをヒストグラムを描いて確認する．

プログラム 6

```
plt.hist(trainIn.x, label='訓練')
plt.hist(validationIn.x, label='検証')
plt.legend( )
plt.show( )
```

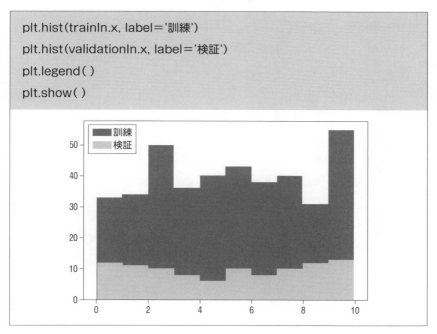

　第 3 行では第 1，2 行で指定したラベル（凡例）を出力している．結果のヒストグラムをみると極端に一様性が悪いわけではないと判断して（議論の余地はあるが）このまま先に進めることにする．

6 − 6

入力の変換

　モデル構築の前処理として，機械学習の精度向上に向けて入力変数の分布を整える.

プログラム7

```
def convertX(x, xMax, xMin):
  return (2.0 * x - xMax - xMin) / (xMax - xMin)


xMax = np.max(trainIn.x)
xMin = np.min(trainIn.x)


trainIn.x = convertX(trainIn.x, xMax, xMin)
validationIn.x = convertX(validationIn.x, xMax, xMin)
```

　最初にデータの変換関数convertXを定義している. 区間[xMax,xMin]に収まるデータに対してこの変換関数による変換を行えば区間[−1,1]に収まるように変換される.

　次にtrainIn.xの最大値，最小値を変数xMax，xMinにそれぞれ格納している.

　最後に訓練データの入力trainIn.xを変数変換し，区間[−1,1]に収まるようにした. さらに，検証データの入力validationIn.xに対しても同様の変数変換を施した. ただし，この場合はデータが区間[xMax,xMin]に収まるとは限らないので，変換後に区間[−1,1]に収まるとも限らないため状況をヒストグラムで確認しよう.

再び先ほどと同様のコマンドでヒストグラムを描くと，区間[−1, 1]に集中していて問題なさそうなことがみてとれる．

プログラム 8

```
plt.hist(trainIn.x, label='訓練')
plt.hist(validationIn.x, label='検証')
plt.legend( )
plt.show( )
```

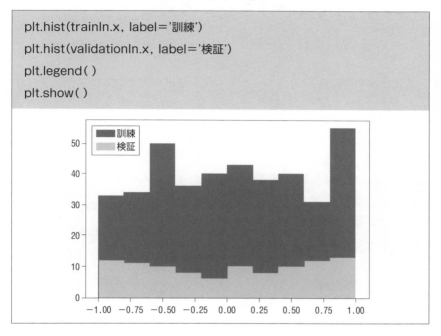

6 - 7

ニューラルネットワークの構築

　活性化関数を指定してニューラルネットワークのオブジェクトを生成する．オブジェクトは，層の数やニューロンの数などのデータと，学習や学習結果の評価や予測などの機能を担う動作関数の組合せである．

プログラム9

```
from tensorflow.keras.models import Sequential
# ニューラルネットワークのオブジェクト生成
model = Sequential( )
# 活性化関数
act = 'relu'
```

　最初にSequentialと呼ばれるニューラルネットワークのクラスをインポートし，それを用いてmodelという名前のオブジェクトを生成している．

　次に，本章では活性化関数は，中間層のすべてにおいて同じReLUを使用し，層ごとに変える予定はないので，1つの変数actに文字列reluとして格納しておく．こうすることで，後で別の関数を試したいときはこの変数の値を書き換えるだけで中間層のすべてで置き換えられる．

【中間層の設定】

　第1層を設定する．

プログラム10

```
from tensorflow.keras.layers import Dense
from tensorflow.keras.layers import Dropout
```

```
model.add(Dense(
    # 第1層のノード数
    nodeNum,
    # 第0層（入力層）のノード数
    input_shape = (1,),
    # 活性化関数
    activation = act))
# 第1層のドロップアウトを設定
model.add(Dropout(rate＝dropRate))
```

　最初に層を表すクラスDenseをインポートし，さらにドロップアウトを表すクラスDropoutをインポートとしている．

　次に第1層を表すDense型のオブジェクトを生成している．その際，情報として第1層のノード数，第0層（入力層）のノード数と活性化関数を与えている．こうして生成されたDense型オブジェクトをmodelに追加するため，メソッドaddを使用している．こうして第1層の情報がmodelに追加された．

　次にDropout型のオブジェクトを，先に定義した変数dropRateをドロップ率として生成し，情報としてmodelに追加している．

　次に第2層を設定する．1つ前の層の情報をinput_shapeで与える必要がない点を除いて入力層の設定と同様である．

プログラム11

```
model.add(Dense(
    # 第2層のニューロンの数
    nodeNum,
    activation＝act))
model.add(Dropout(rate＝dropRate))
```

　さらに第3層や第4層もまったく同様に設定する．

プログラム12

```
model.add(Dense(
    # 第3層のニューロンの数
    nodeNum,
    activation=act))
model.add(Dropout(rate=dropRate))
```

プログラム13

```
model.add(Dense(
    # 第4層のニューロンの数
    nodeNum,
    activation=act))
model.add(Dropout(rate=dropRate))
```

【出力層の設定】

出力層も同様の構文で設定するが，活性化関数を変えている点とドロップアウトを設定しない点が異なる．

プログラム14

```
model.add(Dense(
    # 出力層のニューロンの数
    1,
    activation='linear'))
```

【学習・評価手法の設定】

ニューラルネットワークの学習や評価に必要な情報を設定する．

プログラム15

```
from tensorflow.keras.optimizers import Adam
model.compile(
    # 損失関数の種類
    loss='mean_squared_error',
    # 最適化方法
    optimizer=Adam( ),
    # 評価関数の種類
    metrics=['MAE'])
```

平均二乗誤差を損失関数として指定している.

最適化方法としてはAdamを選択している.第3章で述べた勾配降下法を改良したものであり,機械学習において広く用いられている.

評価関数として平均絶対誤差を指定している.

以上でニューラルネットワークの設定が完了した.学習させる前にニューラルネットワークの構成をみておこう.

【ニューラルネットワークの構成確認】

ニューラルネットワークの構成確認にはsummaryメソッドを呼び出せばよく,その結果は下のように表示される.

```
model.summary ( )

Model: "sequential"
_____

 Layer (type)        Output Shape        Param #
=========================================================
 dense (Dense)       (None, 10)        20


 dropout (Dropout)      (None, 10)        0
```

```
dense_1 (Dense)        (None, 10)        110

dropout_1 (Dropout)       (None, 10)        0

dense_2 (Dense)        (None, 10)        110

dropout_2 (Dropout)       (None, 10)        0

dense_3 (Dense)        (None, 10)        110

dropout_3 (Dropout)       (None, 10)        0

dense_4 (Dense)    (None, 1)        11


=========================================================
Total params: 361
Trainable params: 361
Non-trainable params: 0
```

　ここではニューラルネットワーク全体のパラメータ数（ウェイトとバイアスの総数）を示すTotal paramsのみを確認し，モデルの複雑さの参考にしてほしい.

ニューラルネットワークの学習実行と評価

【ニューラルネットワークの学習】

ニューラルネットワークの学習を開始する前に，学習に要する時間を計測するためモジュールtimeをインポートして開始時刻を取得する．

プログラム16

```
import time
# 開始時刻
startTime = time.time( )
```

ニューラルネットワークの学習は以下のようにメソッドfitにより行い，結果として訓練データと検証データに対する損失関数や評価関数の各回までの最終値が返されるのでfit_resultで受ける．

プログラム17

```
fit_result = model.fit (
    # 訓練データの入力
    trainIn,
    # 訓練データの正解
    trainOut,
    # ミニバッチのサイズ
    batch_size=batch_size,
    # 学習回数
    epochs=epochs,
```

```
# 学習の進捗状況を出力するか否か
verbose＝0,
validation_data＝（
# 検証データの入力
validationIn,
# 検証データの正解
validationOut
））
```

　引数verboseを0にすることで，学習の進捗状況を出力しないように設定しているが，1にして出力することもできる．

【学習に要した時間の表示と評価】

　まずは学習に要した時間を出力する．

　検証データの入力と正解をメソッドevaluateで評価し，損失関数と評価関数の最終的な値を出力している．

プログラム18

```
print("Time:{0:.3f} sec".format(time.time( ) - startTime))
score = model.evaluate(validationIn, validationOut, verbose=0)
print('loss for validation data:   ', score[0])
print('metrics for validation data:', score[1])
```

```
Time:82.971 sec
loss for validation data:    0.007800719700753689
metrics for validation data: 0.05665414780378342
```

【学習回数の増加に伴う効果の確認】

　先ほど用意したfit_resultから，訓練データと検証データに対する損失関数や評価関数の各回（ミニバッチの学習の回数）までの最終値を取得してプロットする．

プログラム19

```python
plt.plot(fit_result.history['loss'],label='訓練', color='blue')
plt.plot(fit_result.history['val_loss'],
    label='検証', color='red', linestyle = 'dotted')
# y軸の範囲
plt.ylim(0.0, 10.0)
# 凡例を表示
plt.legend( )
# グリッド表示
plt.grid( )
plt.xlabel('学習回数')
plt.ylabel('損失関数の最終値')
plt.show( )


plt.plot(fit_result.history['MAE'], label='訓練', color='blue')
plt.plot(fit_result.history['val_MAE'],
    label='検証', color='red', linestyle = 'dotted')
plt.ylim(0.0, 10.0)
plt.legend( )
plt.grid( )
plt.xlabel('学習回数')
plt.ylabel('評価関数の最終値')
plt.show( )
```

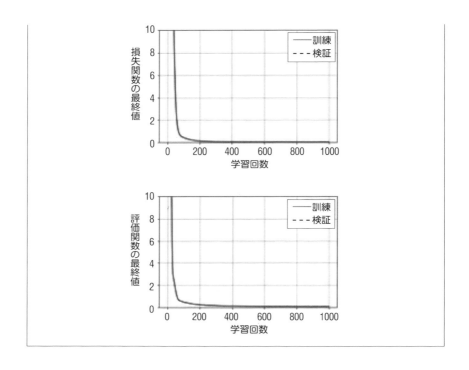

訓練データに対する損失関数の値は'loss', 検証データに対する損失関数
の値は'val_loss'で取得できる.

訓練データに対する評価関数の値は'MAE', 検証データに対する評価関
数の値は'val_MAE'で取得できる.

先に第3章で述べた損失関数と評価関数の説明では, 損失関数は訓練デー
タに対して, 評価関数は検証データに対して計算されると述べた. しかしメ
ソッドfitの結果を使えば, 損失関数も評価関数もともに, 訓練データと検証
データの両方に適用した結果が得られる.

【真の関数と予測関数の比較】

真の関数と予測関数の値をプロット図で比較する.

プログラム20

```
u = np.arange(0.0, 1.01, 0.01)
```

```
xTrueValue = np.zeros(u.size)
yTrueValue = np.zeros(u.size)
for i in range(u.size):
    xTrueValue[i] = xGen(u[i])
    yTrueValue[i] = targetFunc(xTrueValue[i])

# メソッドpredictで予測値が2次元アレイとして返されるので[0, 0]を付加
してfloat型で取り出す.
yEstimatedValue = np.zeros(u.size)
for i in range(u.size):
    yEstimatedValue[i] = model.predict(
        pd.DataFrame({'x':np.array([convertX(xTrueValue[i], xMax,
xMin)])}))[0,0]
plt.plot(xTrueValue, yTrueValue,
    label='正解', color = 'green', linestyle='dashed')
plt.plot(xTrueValue, yEstimatedValue, label='予測', color='cyan')
plt.xlabel('評価時点')
plt.ylabel('時価')
plt.legend()
```

まず入力変数の値を生成するために区間$[0,1]$の数列を生成している．先に用意した関数xGenにより，区間$[0,10]$の数列に変換して入力変数xTrueValueを用意し，それに対する目的関数の真の値を格納するための変数yTrueValueを用意している．ここではいったんすべて0で埋め，正しい値を計算して埋め直しているのがfor文である．

　その後は予測値の列を格納するための変数yEstimatedValueを用意し，ここでも0でいったん埋め，その後予測値を計算して埋めている．予測関数の引数は変数xTrueValueそのものではなく，関数convertXにより変換されたものであるから，変換してからデータフレームに格納してメソッドpredictに渡して予測値を計算している．

　そして（xTrueValue, yTrueValue）をプロットしている．目的関数の真の値なのでラベル（凡例）は'正解'とした．

　最後に（xTrueValue, yEstimatedValue）をプロットしている．予測関数の値なのでラベルは'予測'とした．これらのラベルはlegendを実行することで表示される．

7

Pythonによる実装
──入力が2変数で出力が1変数の場合

入力が2変数，出力が1変数からなり，中間層は4層からなる場合を考える．
付録のソースコードMLFinance2_1.ipynbに対応する．

学習対象となる関数の用意

　前章に引き続きヨーロッパ型コールオプションの時価を返す関数 optionPVが与えられたとする.

　機械学習の対象となる目的関数targetFuncは前章とは異なり，取引時からの経過時間のみならず原資産価格をも引数にもつ関数として定義する.

プログラム21

```
# x1は取引開始からの経過期間
# x2は原資産価格
def targetFunc(x1, x2):
    # 残存期間
    rp = 10.0 - x1
    # 原資産価格
    s0 = x2
    # ストライク
    strike = 100.0
    # 金利
    r = 0.0
    # ボラティリティ
    vol = 0.3
    # コール型かプット型か
    isCall = True
    return optionPV(rp, s0, strike, r, vol)
```

前章で原資産価格は100の場合を考えたのに対してここでは引数として与えている点のみが異なり，他の変数設定は変えていない．

7－2

正解データの用意

　訓練データや検証データの元となる入力と正解のペアからなる正解データをデータフレームに格納する.

プログラム22

```
# 引数として区間[0,1]の数 u を受け取って[0,10]の数に変換
def x1Gen(u):
  return 10.0 * u
# 区間[0,1]の数 u を[50,150]の数に変換
def x2Gen(u):
  return 50.0 + 100.0 * u
```

　前章と同様, 区間$[0,1]$の乱数を変換して引数をつくる. 第1引数は残存期間なので区間$[0,10]$の数に変換するための関数をx1Genとして用意する. 第2引数は原資産価格で, ここでは100円付近である区間$[50,150]$に分布するように変換するため関数x2Genを用意する.

プログラム23

```
x1 = np.zeros(num)
x2 = np.zeros(num)
y = np.zeros(num)
for i in range(num):
  x1[i] = x1Gen(rnd_gen.random())
  x2[i] = x2Gen(rnd_gen.random())
```

```
  y[i] = targetFunc(x1[i], x2[i])
df = pd.DataFrame({
  'x1': x1,
  'x2': x2,
  'y': y
})
```

　まずは0をnum個並べたアレイで入力を表す変数x1，x2と出力を表す変数yを用意．

　次に関数targetFuncの引数となる変数x1とx2を乱数で生成する．入力変数が1次元のときと同様の処理を2つの入力変数に対して行っている．

　続いて入力に対して正解となる機械学習の目的となる関数の値yを計算している．

　最後に列名x1，x2，yをもつデータフレームを構築している．

　入力変数の分布状況を確認すると次のようになり，理想的なくらいに一様に散らばっているわけではないが極端な偏りはないことがみてとれる．

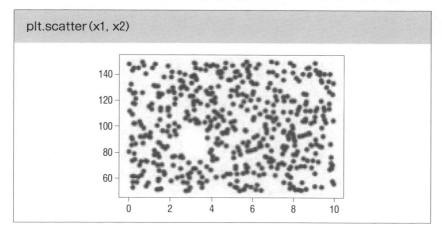

plt.scatter(x1, x2)

7 - 3

訓練データと検証データの分離

訓練データと検証データを以下のように分離する.

プログラム24

```
trainIn = df[['x1', 'x2']].head(trainNum)
validationIn = df[['x1', 'x2']].tail(validationNum)

trainOut = df[['y']].head(trainNum)
validationOut = df[['y']].tail(validationNum)
```

前半では入力x1, x2に関して, 全データ (num=500個) のうち, 前から400個を訓練データに (trainNum=400), 後から100個を検証データ (validation Num=100個) に分けている.

後半では出力yに関して同様に訓練データと検証データに分けている.

7 − 4

データの確認

　訓練データと検証データに関して，入力 x の偏りが大きくないかをヒストグラムを描いて確認する．完全に一様とはいえないが，先に進められるレベルの一様性は確保されているとみなして先に進めることにする．

プログラム25

```
# データの確認
plt.hist(trainIn.x1, label='訓練')
plt.hist(validationIn.x1, label='検証')
plt.legend( )
plt.title('x1')
plt.show( )

plt.hist(trainIn.x2, label='訓練')
plt.hist(validationIn.x2, label='検証')
plt.legend( )
plt.title('x2')
plt.show( )
```

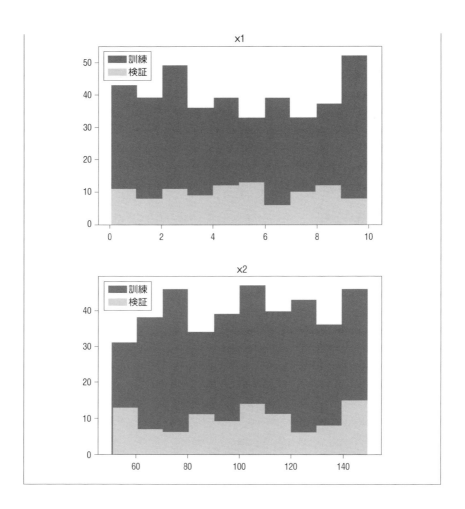

入力の変換

モデル構築の前処理として，機械学習の精度向上に向けて入力変数の分布を整える.

プログラム26

```
def convertX(x, xMax, xMin):
  return (2.0 * x - xMax - xMin) / (xMax - xMin)


x1Max = np.max(trainIn.x1)
x1Min = np.min(trainIn.x1)
trainIn.x1 = convertX(trainIn.x1, x1Max, x1Min)
validationIn.x1 = convertX(validationIn.x1, x1Max, x1Min)


x2Max = np.max(trainIn.x2)
x2Min = np.min(trainIn.x2)
trainIn.x2 = convertX(trainIn.x2, x2Max, x2Min)
validationIn.x2 = convertX(validationIn.x2, x2Max, x2Min)
```

入力変数の数が増えた点を除いて，前章の処理と同様である.

再び先ほどと同様のコマンドでヒストグラムを描くと，たしかに区間 $[-1,1]$ に集中していることがみてとれる.

プログラム27

```
plt.hist(trainIn.x1, label='訓練')
```

```
plt.hist(validationIn.x1, label='検証')
plt.legend( )
plt.title('x1')
plt.show( )

plt.hist(trainIn.x2, label='訓練')
plt.hist(validationIn.x2, label='検証')
plt.legend( )
plt.title('x2')
plt.show( )
```

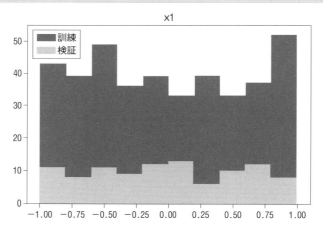

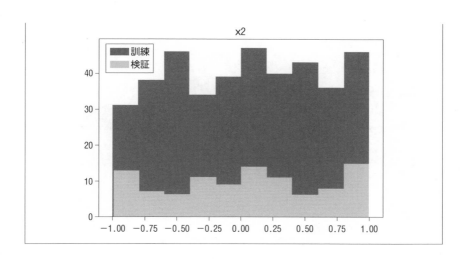

7 - 6

ニューラルネットワークの構築

　前章と同じように活性化関数を指定してニューラルネットワークのオブジェクトを生成する.

プログラム28

```
from tensorflow.keras.models import Sequential
# ニューラルネットワークのオブジェクト生成
model = Sequential( )
# 活性化関数
act = 'relu'
```

【中間層の設定】

　第1層を設定する.

プログラム29

```
from tensorflow.keras.layers import Dense
from tensorflow.keras.layers import Dropout
model.add(Dense(
    # 第1層のノード数
    nodeNum,
    # 第0層（入力層）のノード数
    input_shape = (2,),
    # 活性化関数
    activation = act
```

```
  ))
  # 第1層のドロップアウトを設定
  model.add(Dropout(rate＝dropRate))
```

　入力層のノード数を2に設定している点のみが前章と異なる.

　以降のプログラミングは前章とまったく同様であるが，最後の真の関数と予測関数の比較については，入力が2変数，出力が1変数の3次元プロットなのでプログラムの書き方が少し複雑化する.

【真の関数と予測関数の比較】3次元プロットを行うため，座標（x1, x2, y）からなるグラフをイメージしてほしい. ただしx1は残存期間，x2は原資産価格，yは時価である. まずはx1軸とx2軸を含む平面上の点を（x1TrueValue, x2TrueValue）として生成し，Numpyの関数meshgridを使って3次元プロットに都合のよいデータに置き換えて（X1TrueValue, X2TrueValue）と命名している. X1TrueValue, X2TrueValueは2次元平面に対応した2つの添え字のペアをもつオブジェクトであることに注意して，2つの添え字のペアごとに真の関数と予測関数の結果を計算してYTrueValue, YEstimatedValueを得ている. 残りはモジュールAxes3Dをインポートして各種機能を利用する. お決まりの書き方としてご理解いただき本書以外でも流用できると思う.

```
u = np.arange(0.0, 1.1, 0.1)
x1TrueValue = np.zeros(u.size)
x2TrueValue = np.zeros(u.size)
for i in range(u.size):
   x1TrueValue[i] = x1Gen(u[i])
   x2TrueValue[i] = x2Gen(u[i])
X1TrueValue, X2TrueValue = np.meshgrid(x1TrueValue,
x2TrueValue)
```

```
YTrueValue = np.zeros([u.size, u.size])
for i in range(u.size):
  for j in range(u.size):
    YTrueValue[i, j] = targetFunc(X1TrueValue[i, j], X2TrueValue
    [i, j])


from mpl_toolkits.mplot3d import Axes3D

YEstimatedValue = np.zeros([u.size, u.size])
for i in range(u.size):
  for j in range(u.size):
    YEstimatedValue[i, j] = model.predict(
    pd.DataFrame({
    'x1':np.array([convertX(X1TrueValue[i,j], x1Max, x1Min)]),
    'x2':np.array([convertX(X2TrueValue[i,j], x2Max, x2Min)])}))
    [0,0]

fig = plt.figure()
ax = Axes3D(fig)
ax.set_xlabel('評価時点') #x1
ax.set_ylabel('原資産価格') #x2
ax.set_zlabel('時価') #y1
ax.plot_wireframe(X1TrueValue, X2TrueValue, YTrueValue,
        color = 'green', linestyle='dashed', label='正解')
ax.plot_wireframe(X1TrueValue, X2TrueValue, YEstimatedValue,
        color = 'cyan', label='予測')
plt.legend()
plt.show()
```

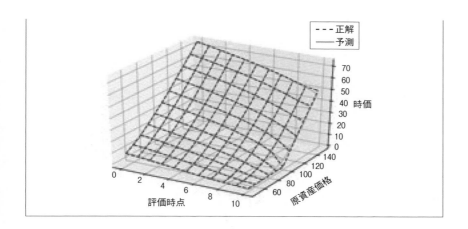

8

Pythonによる実装
――入力が 2 変数で出力も 2 変数の場合

入力も出力も 2 変数からなり，中間層は 4 層からなる場合を考える．付録の
ソースコード MLFinance2_2.ipynb に対応する．

8 − 1

学習対象となる関数の用意

　前章に引き続きヨーロッパ型コールオプションの時価を返す関数 optionPVが与えられたとする.

　機械学習の対象となる目的関数targetFuncは入力が2次元の前章と同様に，取引時からの経過時間と原資産価格を引数にもつ関数として定義する.

正解データの用意

訓練データや検証データの元となる入力と正解のペアからなる正解データ
を前章と同様にデータフレームに格納する.

プログラム30

```
def x1Gen(u):
#　0以上1以下の任意の数 u を0以上10未満の数（取引開始からの経過期
間）に変換
    return 10.0 * u
def x2Gen(u):
#　0以上1以下の任意の数 u を50以上150未満の数（原資産価格）に変換
    return 50.0 + 100.0 * u
```

正解データの用意を行う.

プログラム31

```
x1 = np.zeros(num)
x2 = np.zeros(num)
y1 = np.zeros(num)
y2 = np.zeros(num)
for i in range(num):
  x1[i] = x1Gen(rnd_gen.random())
  x2[i] = x2Gen(rnd_gen.random())
  y1[i] = targetFunc1(x1[i], x2[i])
```

```
  y2[i] = targetFunc2(x1[i], x2[i])
df = pd.DataFrame({
  'x1' : x1,
  'x2' : x2,
  'y1' : y1,
  'y2' : y2
})
```

出力変数が1つ増えてy1とy2になった点のみが前章と異なる.

これ以降のプログラミングは前章とまったく同様であるが,出力層の設定と最後の真の関数と予測関数の比較のみが少し異なる.

【出力層の設定】

```
model.add(Dense(
  # 出力層のニューロンの数
  2,
  # 活性化関数
  activation='linear'))
```

前章との違いは,第1引数で出力層のニューロン数2を与えている点のみである.

【真の関数と予測関数の比較】入力も出力も2変数からなる3次元プロットを行うため,座標(x1, x2, y1)からなるグラフと座標(x1, x2, y2)からなるグラフに分けてしまえば,出力が1変数の前章と同じ方法で描くことができる.ただし,x1は残存期間,x2は原資産価格,y1とy2はそれぞれのストライクに対する時価である.

```
u = np.arange(0.0, 1.1, 0.1)
x1TrueValue = np.zeros(u.size)
```

```
x2TrueValue = np.zeros(u.size)
for i in range(u.size):
  x1TrueValue[i] = x1Gen(u[i])
  x2TrueValue[i] = x2Gen(u[i])
X1TrueValue, X2TrueValue = np.meshgrid(x1TrueValue,
x2TrueValue)

Y1TrueValue = np.zeros([u.size, u.size])
Y2TrueValue = np.zeros([u.size, u.size])
for i in range(u.size):
  for j in range(u.size):
    Y1TrueValue[i, j] = targetFunc1(X1TrueValue[i, j],
    X2TrueValue[i, j])
    Y2TrueValue[i, j] = targetFunc2(X1TrueValue[i, j],
    X2TrueValue[i, j])

from mpl_toolkits.mplot3d import Axes3D

Y1EstimatedValue = np.zeros([u.size, u.size])
Y2EstimatedValue = np.zeros([u.size, u.size])
for i in range(u.size):
  for j in range(u.size):
    # 2次元の予測結果を取得
    predidt_result = model.predict(
    pd.DataFrame(
      {'x1':np.array([convertX(X1TrueValue[i,j], x1Max, x1Min)]),
       'x2':np.array([convertX(X2TrueValue[i,j], x2Max, x2Min)])}))
    Y1EstimatedValue[i, j] = predidt_result[0,0]
    Y2EstimatedValue[i, j] = predidt_result[0,1]
```

```
fig = plt.figure( )
ax = Axes3D(fig)
ax.set_xlabel('評価時点') #x1
ax.set_ylabel('原資産価格') #x2
ax.set_zlabel('時価1 ') #y1
ax.plot_wireframe(X1TrueValue, X2TrueValue, Y1TrueValue,
       color = 'green', linestyle='dashed', label='正解')
ax.plot_wireframe(X1TrueValue, X2TrueValue, Y1EstimatedValue,
       color = 'cyan', label='予測')
plt.legend( )
plt.show( )


fig = plt.figure( )
ax = Axes3D(fig)
ax.set_xlabel('評価時点') #x1
ax.set_ylabel('原資産価格') #x2
ax.set_zlabel('時価2 ') #y2
ax.plot_wireframe(X1TrueValue, X2TrueValue, Y2TrueValue,
       color = 'green', linestyle='dashed', label='正解')
ax.plot_wireframe(X1TrueValue, X2TrueValue, Y2EstimatedValue,
       color = 'cyan', label='予測')
plt.legend( )
plt.show( )
```

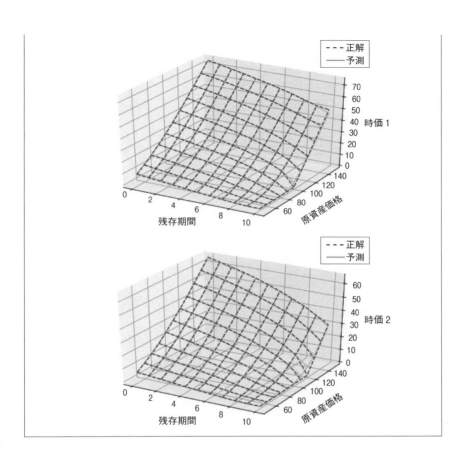

9

ニューラルネットワークで
関数を近似できる理由

ここまではニューラルネットワークで目的となる関数の近似を説明してきた.
本章ではニューラルネットワークでなぜ関数を表現できるのかを考えよう[2].
ニューラルネットワークに機械学習させると人間が意識しなくても自動的にパ
ラメータが決まるので,近似できる理由は一般にはブラックボックスである.
ただ,人間が意識的にパラメータ(ウェイトとバイアス)を調整することでい
かにして関数の近似ができるかの一例(ブラックボックスの中身と一致すると
は限らないが)を理解すれば,ニューラルネットワークに対するイメージが深
まり,活性化関数の種類,層やノードの数などニューラルネットワークのかた
ちを考えるうえでも役立つと思われる.
本章では活性化関数としてReLU関数を,出力層はLinearを選んだ場合について
説明する.

入力が1変数，出力が1変数の場合①

前に述べたような変数変換を行い，区間$[-1, 1]$を定義域とする関数の近似を考える.

まず矩形関数とは次のような関数である.

$$c(x) = 1_{[a, b]}(x)$$

のようになり，$\mathrm{x} \in [a, b]$が成り立つときのみ値1をとる関数である（図9－1）.

図9－1　矩形関数

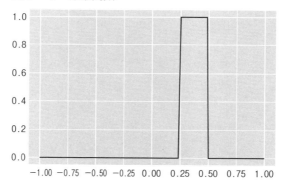

ここで区間の端点$x = a$や$x = b$における値は0と1の中点である0.5に定義しておく流儀もあるが，ここでは何でもよく単純に1としておく.

2　本章ではThe Eldan と R., Shamir, O. による以下論文を参考にした "The power of depth for feedforward neural networks", JMLR: Workshop and Conference Proceedings vol 49:1-34, 2016. さらに，Michael A. Nielsenによる "Neural Networks and Deep Learning", Determination Press, 2014もヒントになった.

多くの関数（たとえば連続関数など）は矩形関数の線形和（有限個の矩形関数の各々の定数倍の和）で近似できることを以下でみよう．たとえば近似対象の関数として図9−2のようなものを考える．

図9−2　近似対象の関数

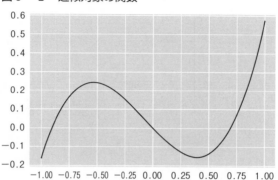

区間[−1,1]を10分割して横幅が2/10＝0.2の矩形関数の和で近似した場合を近似1，30分割して横幅が2/30＝1/15＝0.0666…の矩形関数の和で近似した場合を近似2としてグラフを描くと図9−3のようになる．やはり分割数を大きくしたほうが目的の関数に近づいていることがみてとれる．

図9−3　矩形関数の線形和で近似

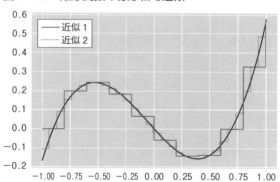

したがって，機械学習で矩形関数を表現できれば，その線形和として目的となる関数を近似できることになる．

矩形関数は単位ステップ関数の差で表すことができる．単位ステップ関数とは，

$$\sigma_{\mathrm{step}}(x) = \begin{cases} 0, & x \leq 0, \\ 1, & x > 0 \end{cases}$$

で定義され，図9−4のように横軸0の左側では値0，横軸0の右側では値1をとるような関数であった．

図9−4　単位ステップ関数

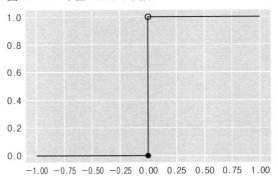

変数xに値$\sigma_{\mathrm{step}}(x+b)$を対応させる関数は，横軸方向に$-b$だけ平行移動したグラフになる．たとえば$b = -0.25$ならグラフは図9−5のようになる．

図9−5　単位ステップ関数の平行移動

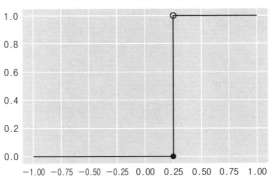

図9-6のように，少し平行移動した単位ステップ関数を2つ並べるとその差が矩形関数となることが理解できる（図9-7）.

図9-6　単位ステップを並べたもの

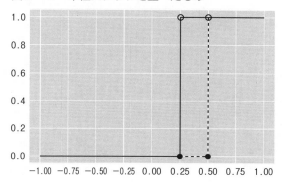

図9-7　単位ステップ関数の差

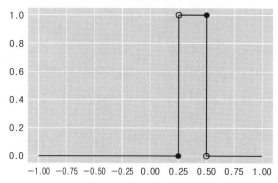

　単位ステップ関数をReLU関数で近似できる（図9-8）. ReLU関数は，

$$\sigma_{\text{ReLU}}(x) = \begin{cases} 0, & x \le 0, \\ x, & x > 0 \end{cases}$$

のように定義されていた.

変数 x に値

$$\sigma_{\text{ReLU}}(wx-1) = \sigma_{\text{ReLU}}(w(x-1/w))$$

図9－8　ReLU関数

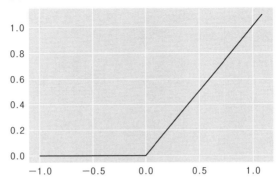

（ただし$w > 0$）を対応させる関数は，$\sigma_{\mathrm{ReLU}}(x)$のグラフを横軸方向に$1/w$倍
してから$1/w$だけ右へ平行移動したものになるので，差

$$\sigma_{\mathrm{ReLU}}(wx) - \sigma_{\mathrm{ReLU}}(wx - 1)$$

はwが大きいと単位ステップ関数の近似になっている．このことをみるため
にたとえば$w = 20$として$\sigma_{\mathrm{ReLU}}(20x) - \sigma_{\mathrm{ReLU}}(20x - 1)$のグラフを書くと図9－
9のようになり，たしかに単位ステップ関数が近似されていることがみてと
れる．

図9－9　Relu関数による単位ステップ関数の近似

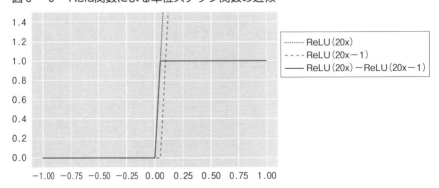

以上に述べた近似のプロセスをまとめると表9－1のようになる。

表9－1　近似のプロセス

段階	近似内容
1	関数 ≈ 矩形関数の線形和
2	矩形関数 ＝ 単位ステップ関数の差
3	単位ステップ関数 ≈ ReLU関数の差 （ただしReLU関数の引数には重みやバイアスを加える）

　この近似の仕方から，ReLU関数の（差も含めて）線形和を繰り返して目的の関数が近似される．第3章ではウェイトを掛けてバイアスを加える関数を合成しても「ウェイトを掛けてバイアスを加える関数」という構造は変わらないことをみたが，この場合も線形和を重ねてもReLU関数の線形和で目的の関数が近似されているという事実は変わらない．

入力が1変数，出力が1変数の場合②

　前節では短冊による直感的にイメージしやすい説明を行ったが，微分法・積分法を用いるとよりシンプルに理解可能である.

　活性化関数としてはここでもReLU関数を選んだ場合について説明する.

　近似の目的となる関数 f は区間 $[-1,1]$ に含まれる変数 x を実数 $y=f(x)$ に対応させる関数で定義域の左端における傾きはゼロ

$$f'(-1) = 0$$

と仮定する（このほうが説明を単純化できるので）．前章でみたように入力変数は必要があれば前処理を行うことで区間 $[-1,1]$ に帰着させ，左端においては増えも減りもしないような状況をイメージしてほしい.

　任意の実数 u に対して，実数から実数への対応を与える関数

$$G_u(x) = -\sigma_{\text{ReLU}}(u-x) = \begin{cases} x-u, & x \leq u, \\ 0, & x > u \end{cases}$$

を考える（図9-10）．さらにその微分係数は，

$$G'_u(x) = \begin{cases} 1, & x \leq u, \\ 0, & x > u \end{cases}$$

となることに注意（実は1点 $x=u$ だけは微分不可能だがそこでの値は1と置く）.

$$f(x) = f(-1) + \int_{-1}^{x} f'(z)\,dz$$

図 9 −10 関数 $G_{1/4}$

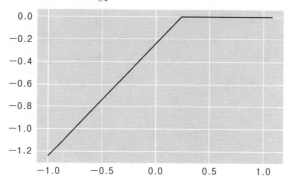

$$= f(-1) + \int_{-1}^{1} f'(z) G_x'(z) dz$$

（$z > x$ なら $G_x'(z) = 0$, $z \leq x$ なら $G_x'(z) = 1$ より）

$$= f(-1) + \left[f'(z) G_x(z) \right]_{z=-1}^{z=1} - \int_{-1}^{1} f''(z) G_x(z) dz$$

（部分積分）

$$= f(-1) + \int_{-1}^{1} f''(z) \sigma_{\mathrm{ReLU}}(x-z) dz$$

（$G_x(1) = 0$, $f'(-1) = 0$ より第 2 項はゼロより）

$$\approx f(-1) + \sum_{i=1}^{n} \frac{1}{n} f''(z_i) \sigma_{\mathrm{ReLU}}(x-z_i) \quad \text{（積分を和で近似）.}$$

ただし z_i は区間 $[-1 + (i-1)\frac{2}{n}, -1 + i\frac{2}{n}]$ に含まれる数なら何でもよいが，たとえば次のようにとる．

$$z_i = -1 + (i-1)\frac{2}{n}, \quad i = 1, \ldots, n.$$

こうして得られた近似式

$$f(x) \approx f(-1) + \sum_{i=1}^{n} \frac{1}{n} f''(z_i) \sigma_{\mathrm{ReLU}}(x-z_i)$$

をみると，以下のようなニューラルネットワークで目的とする関数fを近似できていることがわかる（図9−11）.

図9−11　中間層1層のニューラルネットワークで近似

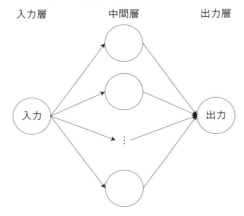

入力層　　　　　中間層　　　　　出力層

入力　　　　　　　　　　　　　　出力

- 第1層（ノード数はn）ではxにウェイト1を掛けてバイアス$-z_i$を加えたものに活性化関数ReLUを作用させる.
- 出力層では第1層の第iノードの結果にウェイト$f''(z_i)/n$を掛け，すべてのiについて足し合わせた後にバイアス$f(-1)$を加えたものを出力とする.

9 − 3

入力が 2 変数，出力が 1 変数の場合

2変数に1つの実数値を対応させる関数の近似を考える．たとえば図9−12のような関数をイメージしてほしい．

図9−12　近似対象の関数

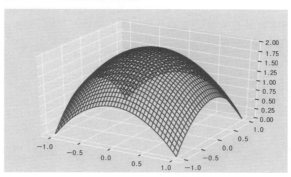

1変数関数の場合と同様に，2変数関数の場合は柱状関数（矩形関数の2変数版）で近似することを考える．

柱状関数を式で書くと，

$$c(x_1, x_2) = 1_{[a_1, b_1]}(x_1) 1_{[a_2, b_2]}(x_2)$$

のようになり，$x_1 \in [a_1, b_1]$ かつ $x_2 \in [a_2, b_2]$ が成り立つときのみ値1をとる関数である（図9−13，表9−2）．

近似対象の関数は柱状関数の和で近似できる（図9−14）．
式で書くと次のようになる（ただし≈は近似を表す）．

$$f(x) \approx \sum_{k=1}^{n} \alpha_k 1_{[a_1^k, b_1^k]}(x_1) 1_{[a_2^k, b_2^k]}(x_2).$$

図 9 − 13　柱状関数

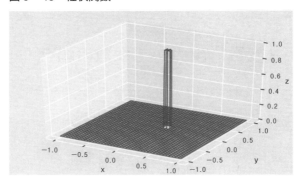

表 9 − 2　柱状関数 $c(x_1, x_2)$ のとる値

	$x_2 \leq a_2$	$a_2 < x_2 < b_2$	$x_2 \geq b_2$
$x_1 \leq a_1$	0	0	0
$a_1 < x_1 < b_1$	0	1	0
$x_1 \geq b_1$	0	0	0

図 9 − 14　柱状関数で近似

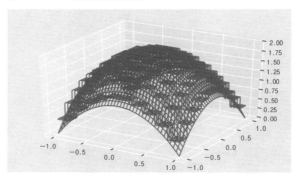

ここで a_k, a_1^k, a_2^k, b_1^k, b_2^k （ただし $a_1^k < b_1^k$, $a_2^k < b_2^k$）はすべて実数である．

　1 変数の場合の矩形関数の引数を 2 次元に拡張する．まず x_1 軸方向の第 1 柱状関数を次のように定義する（単純に変数 x_2 の値を無視する．図 9 − 15）．

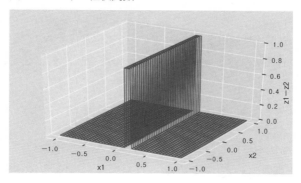

図 9 - 15　第 1 柱状関数

$$c_1(x_1, x_2) = 1_{[a_1, b_1]}(x_1).$$

同様に第 2 柱状関数も次のように定義する（単純に変数 x_1 の値を無視する.
図 9 - 16）.

図 9 - 16　第 2 柱状関数

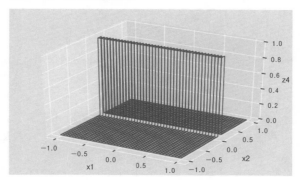

$$c_2(x_1, x_2) = 1_{[a_2, b_2]}(x_2).$$

第 1 柱状関数と第 2 柱状関数は 1 変数の矩形関数を使って定義されてお
り，矩形関数がニューラルネットワークで近似可能なことは前節ですでにみ
ている．したがって後は第 1 柱状関数と第 2 柱状関数を使って目標の柱状関

数cに近づけられれば，目標の関数をニューラルネットワークで近似できたことになる.

たとえば，第1柱状関数と第2柱状関数の和をとってみよう．ただし，$x_1 \in [a_1, b_1]$かつ$x_2 \in [a_2, b_2]$が成り立つときに和をとれば2となってしまうので1を引いておく.

$$\bar{c}(x_1, x_2) = c_1(x_1, x_2) + c_2(x_1, x_2) - 1.$$

この関数のとる値を整理したのが表9－3である.

表9－3 関数$\bar{c}(x_1, x_2)$のとる値

	$x_2 \leq a_2$	$a_2 < x_2 < b_2$	$x_2 \geq b_2$
$x_1 \leq a_1$	$0+0-1$ $=-1$	$0+1-1$ $=0$	$0+0-1$ $=-1$
$a_1 < x_1 < b_1$	$1+0-1$ $=0$	$1+1-1$ $=1$	$1+0-1$ $=0$
$x_1 \geq b_1$	$0+0-1$ $=-1$	$0+1-1$ $=0$	$0+0-1$ $=-1$

一部の領域で-1をとっており，これらを0にすれば目的の柱状関数となるので，ReLU関数を作用させると，

$$c(x_1, x_2) = \sigma_{\text{ReLU}}(c_1(x_1, x_2) + c_2(x_1, x_2) - 1)$$

が成り立つ.

以上に述べた近似のプロセスをまとめると表9－4のようになる。

表9－4からわかるようにReLU関数が2回使われており，中間層が2層からなるニューラルネットワークで目的の2変数関数が近似されたことになる.

表9 – 4　近似のプロセス

段階	近似内容
1	関数 ≈ 柱状関数の線形和
2	柱状関数 $= \sigma_{\text{ReLU}}$（第1柱状関数＋第2柱状関数 − 1）
3	第1柱状関数＝矩形関数の2変数への拡張 第2柱状関数＝矩形関数の2変数への拡張
4	矩形関数＝単位ステップ関数の差
5	単位ステップ関数 ≈ ReLU関数の差 （ただしReLU関数の引数には重みやバイアスを加える）

9－4

入力が 2 変数，出力が 2 変数の場合

2つの出力それぞれに対して前節のように近似すればよい.

9 − 5

ノードと層の数

　これまでの説明では，中間層が1層か2層のニューラルネットワークでもたいていの関数を近似できることをみたが，実は中間層が1層のみでも入力変数や出力変数の数にかかわらず近似できることが数学的に証明されている．ただ，だからといって中間層が1層のニューラルネットワークを常に使用すればよいわけではなく，中間層の数を増やすことで計算コストが低く抑えられる場合も多い．たとえば，中間層が1層ではノード数が増えすぎるが，中間層を2層以上にすることで各層のノード数が減って計算を効率化できる場合も多い．

　近似したい対象が実数に値をとるn変数関数

$$f(x) = f(x_1, x_2, \ldots, x_n)$$

の場合を考える．関数fの変動は特に激しいとする．変動が激しいとは，n変数$x_1, x_2, \ldots, x_n$のうちどれかが少し動いただけでも関数値$f(x_1, x_2, \ldots, x_n)$が大きく動きうることを意味する．このとき，仮に関数fは特に変動が激しくない通常の実数値n変数関数

$$g(x) = g(x_1, x_2, \ldots, x_n)$$

と変動が特に激しい実数値1変数関数$h(x)$の合成関数

$$f(x) = h(g(x))$$

として表現できているとする（図9−17〜9−19）．

　関数fを近似する場合，n次元空間を細かく分割して近似していくイメージになるので大量のノードが必要となることが予想される（2次元を超える

図9－17　変動が激しい2変数関数 f のイメージ

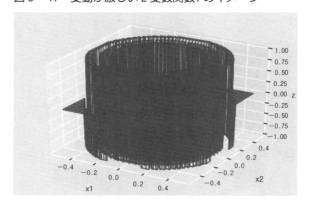

図9－18　変動が激しくない2変数関数 g のイメージ

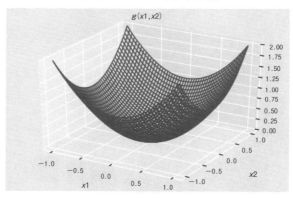

とイメージしにくいが，計算量の多さだけを想像してほしい）．関数 f の変動は
激しいので，特に細かく分割しないとうまくいかず一段と大量のノードが必
要なことが予想される．

　ところが，関数 g の変動は激しくないので，定義域が同じく n 次元の関数
f と比べて少ない分割数ですむことが期待される．関数 h は変動が激しいの
で多くの分割数が要求されそうだが，定義域は1次元であるのでノードの増
加は限定的かもしれない．一般に空間を分割する場合，1次元区間の m 分
割は，n 次元では m^n 倍の分割数に対応し，それに伴って中間層のノード数

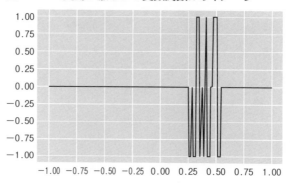

図9-19 変動が激しい1変数関数hのイメージ

は急増する傾向にある.

　以上のことから，関数fを中間層が1層のニューラルネットワークで近似するよりは，関数gと関数hに分けて近似を行い，中間層が2層のニューラルネットワークを構築したほうが全体のノード数，したがってパラメータ（ウェイトとバイアス）の総数は少なくなりそうである．このように解く問題によっては層を増やしたほうが，全体のノード数を減らせる場合がある．もちろん，機械学習の損失関数の最小化問題を解く際に，どのような近似手法になるかは人間がコントロールするものではないが，ここではイメージとしてとらえてほしい．

10

機械学習をビジネスに
応用するうえでの課題と展望

本書で説明してきた機械学習に対する金融機関のニーズと今後の課題をまとめる.

10-1

現場の喫緊ニーズ

　これまで述べてきた計算コストのかかる業務としては，以下のようなものがある.

- ●財務諸表や価格付けのための時価やXVA.
- ●リスクヘッジのための時価やXVAの感応度.
- ●VaR，PFEやストレステストなどによるリスク管理.
- ●最低所要自己資本の計算.

　ここでは特に計算頻度の高い最初の2つに焦点を当てる.

　日々の損益把握やリスク管理のため，時価計算は基本的に1営業日当り全取引の計算が，入力としての市場データがすべて確定したマーケットクローズ後に，バッチ処理（市場データ，取引データなどすべての入力データの収集から対象全取引に対する各種計算，出力データの各システムへの配信などに至る一連の処理）のなかで行われるのが一般的である．取引数が多い場合に全商品の時価，XVAやそれらの感応度の計算が一夜で終わることが課題になる.

　ディーラー業務においては日中多くの種類のデリバティブ取引の時価，XVAやそれらの感応度を高速かつ精緻に計算する必要がある．特にXVAは取引相手ごとのポートフォリオ単位で決まるので，価格付け時は現ポートフォリオのXVAと新規取引を加えたポートフォリオのXVAの差額も関心事項となる.

　XVAのなかでも，MVAやKVAの計算負担は特に大きい．MVAの計算においては時価の将来感応度のシミュレーションが，KVAの計算にはCVAの将来感応度のシミュレーションが必要となるからである．そうした計算負担の大きさもありMVAやKVAの計算は，CVAやFVAと比べて普及率が低い．大きな近似を行わず真面目に計算するのは本書執筆時点の計算機では負担が

大きく，機械学習などによる効率化が普及の鍵になると思われる.

10－2

機械学習における技術的な工夫

　本書ではシンプルな場合を例にとって機械学習の説明をしてきたが，実用化のためにはさまざまな工夫が必要となることが多い.

(1) 【出力変数の選定】感応度を機械学習で得られた予測関数の差として計算してもよいが，出力変数ベクトルの要素として感応度を加えることで，感応度の誤差も損失関数に勘案することができる. ただし，正解データの準備はより大変になるので，費用対効果を考えながらケース・バイ・ケースで検討する必要がある.

(2) 【予測対象の選定】複数の関数計算を合成して行う場合，どの関数に対して機械学習するかを選択する必要がある. たとえば，CVA計算においては，モンテカルロ法の結果としてのCVA額そのものを直接予測関数で近似するよりは，途中のエクスポージャー関数のみを予測関数で近似するほうが簡単かもしれない.

(3) 【モンテカルロ法の誤差】モンテカルロ法の誤差の問題もある. 一般にモンテカルロ法では乱数生成による誤差が混入する. 別の乱数列に対しては異なる答えが返ってくるのが通常である. そのためモンテカルロ法の誤差を含んだデータを訓練データにしないほうがよい可能性もあり，各社の評価モデル（原資産の確率分布など）などの特性に応じて誤差を試算しながら適切な方法を試行錯誤して選択する必要がある. モンテカルロ法の誤差が無視できない場合は，その影響を受けない計算部分のみに機械学習を適用するなどの工夫が考えられる.

(4) 【入力の次元圧縮】予測対象の関数の引数は次元が高い場合が多く，学習にコストがかかるので入力データの次元を下げて予測関数をつくる方法はいくつも開発されて論文などに書かれている. 実用化の際にはこうした

工夫も必要.

(5) 【予測精度】予測関数の特徴としては，常に精度劣化しているとは限らず，逆に精度が向上できないか検討するのも重要である．予測対象の関数を計算する際，計算コストが高すぎる場合には実務上多くの割り切りを入れて計算コストを下げて対応する場合がある．その場合，割り切りを入れた計算よりも予測関数のほうが高い精度が出る場合も多く出現しうる．計算コストが高くて従来はあきらめていたモデルの導入につながる可能性もあり，モデル高度化を行える可能性がある．

10－3

継続的な検証

　予測対象の関数の引数が，訓練データの範囲を超えてしまうことで精度が劣化するリスクに注意する必要がある．モデル構築時に検証データの内容やそれに対する評価関数の値を確認することの重要性に加え，モデル構築後も引数変化，すなわち市場データや取引データの変化を意識したモニタリングが有効と考えられる．そもそも機械学習の結果は，ウェイトやバイアスの初期値を変えるごとに結果としての予測関数も変わるといった不安定な側面もある．そのため現在採用している予測関数の妥当性検証を当初だけでなく定期的に，環境急変時には随時行うことが必要となる．

10－4

モデルの説明責任

　ブラックボックス化が課題とされている．ウェイトやバイアスの値に意味を与えられない場合に，妥当性検証の通過をもって妥当とすることがステークホルダーにどれだけ受け入れられるかといった観点も重要である．

　さらに，財務諸表の数字に適用するには，内外監査などに対するモデルの説明責任の観点から，予測関数が認められるかどうかという課題がある．この辺りの議論が整理されるまでは，特に説明不要で頻度高く高速計算するニーズへの対応に限定するのも一案．あるいは月末などの重要な数字以外でまずは関係者の了解を得るといった段階的な対応も考えられる．

　説明責任の問題を解決するための技術的な提案や，それを実装したソフトも登場しているので，フォローが必要である．

10-5

最 後 に

　以上では金融機関で計算量の多い業務の代表例としてデリバティブビジネスに関するものを中心に取り上げたが，複数の入力に対してなんらかの値を出力する機会はデリバティブに限らず多いと思われる．多くの関数に対して機械学習による予測関数を検討可能なので，さまざまな方面で機械学習が積極的に試行され，ビジネスへの活用推進との相互作用で機械学習がますます進展することを願う．

事 項 索 引

Pythonとファイナンス事例で学ぶ機械学習

2022年10月26日　第1刷発行

著　者　中　山　季　之
発行者　加　藤　一　浩

〒160-8520　東京都新宿区南元町19
発　行　所　一般社団法人 金融財政事情研究会
企画・制作・販売　株式会社きんざい
出　版　部　TEL 03(3355)2251　FAX 03(3357)7416
販売受付　TEL 03(3358)2891　FAX 03(3358)0037
URL https://www.kinzai.jp/

校正：株式会社友人社／印刷：株式会社日本制作センター

ISBN978-4-322-14185-6